크로스위치

세계 No.1 광고대행사
덴츠의 크로스미디어 커뮤니케이션 전략

나남
nanam

나남신서 · 1401

크로스위치

세계 No.1 광고대행사
덴츠의 크로스미디어 커뮤니케이션 전략

2009년 9월 15일 발행
2014년 9월 15일 5쇄

저자 · · · 덴츠 크로스미디어 개발 프로젝트 팀
역자 · · · 휘닉스커뮤니케이션즈 마케팅플래닝본부
발행자 · · · 趙相浩
발행처 · · · (주)나남
주소 · · · 413-120 경기도 파주시 회동길 193
전화 · · · 031)955-4601(代)
FAX · · · 031)955-4555
등록 · · · 제1-71호(1979.5.12)
홈페이지 · · · www.nanam.net
전자우편 · · · post@nanam.net

ISBN 978-89-300-8401-7
ISBN 978-89-300-8001-9 (세트)
책값은 뒤표지에 있습니다.

크로스위치

세계 No.1 광고대행사
덴츠의 크로스미디어
커뮤니케이션 전략

덴츠 크로스미디어 개발 프로젝트 팀 저

휘닉스커뮤니케이션즈 마케팅플래닝본부 역

나남
nanam

• • •

Crosswitch

by

Dentsu Crossmedia Development Project Team

세 번째 휘닉스컴 신서 발간에 부쳐

일본 총무성의 통계에 따르면 전 세계적으로 발신된 정보의 양은 기하급수적으로 급증한 반면 소비된 정보의 양은 이전과 비슷한 수준이라고 한다. 이는 많은 정보가 소비되지 않은 채 그대로 소멸된다는 의미이다. 이제 소비자들은 관심 있고 필요한 정보만 적극적으로 수집하고, 나머지 정보는 무시하거나 그냥 흘려보낸다. 이러한 커뮤니케이션 환경의 변화는 일방적인 메시지 전달, 즉 '커뮤니케이션 1.0' 방식에 익숙해져 있던 업계 종사자들에게는 심각한 과제가 되었다. 지금이야말로 소비자 스스로 우리의 메시지에 귀를 기울이고, 공유하게 하는 '커뮤니케이션 2.0'적 사고가 필요한 시대다.

이러한 시점에서 커뮤니케이션 2.0이 강한 회사를 지향해 온 휘닉스커뮤니케이션즈가 《크로스위치》를 한국에 소개하게 된 것은 매우 의미 있는 일이라 생각한다. 《크로스위치》(원제: クロスイッチ)는 휘닉스커뮤니케이션즈의 글로벌 네트워크 협력사이자 세계 No.1 광고대행사 덴츠(電通)의 '크로스미디어' 노하우와 성공사례를 담은 책이다.

우리나라에서 크로스미디어는 '미디어의 교차'(*cross*)라는 단어 자체의 의미 때문에 미디어 믹스(*media mix*)와 유사한 개념으로 사용되고 있다. 많은 커뮤니케이션 관련 기업에서 IMC(*Integrated Marketing Communication*), 360° 커뮤니케이션, 마케팅 오케스트레이션(*orchestration*)을 크로스미디어인 것처럼 사용하고 있으나 이는 미디어 믹스 연장선상의 하나일 뿐이다.

진정한 크로스미디어라면 소비자의 '마음을 움직일 수' 있어야 한다. 크로스미디어는 소비자 스스로가 브랜드에 관심을 가지고 다가갈 수 있는 길을 만들어 줘서 소비자를 브랜드와 보다 친밀하게 만드는 과정이다. 이런 점에서 지금까지 사용되어 온 미디어 믹스와는 근본적으로 다르다고 할 수 있다. 이 책에서는 크로스미디어를 '시나리오 설계'라는 새롭고 독창적인 시각으로 제시했다. 시나리오 설계는 크로스미디어 커뮤니케이션의 핵심 개념으로 소비자 트렌드나 라이프스타일과 같은 소비자 인사이트와 브랜드 관여의 깊이(*depth*)를 분석하고, 소비자와의 접점(*contact point*)을 면밀히 파악하여 기업이나 브랜드의 의도대로 소비자의 인식과 행동을 움직이게 하는 과정을 만드는 것이다.

한국은 이미 IPTV, 광대역 통신망, 디지털 방송이 보편화되는 등 세계에서 커뮤니케이션 환경이 가장 급변하고 있는 곳이다. 휘닉스커뮤니케이션즈는 언제나 이러한 환경변화에 남보다 한발 앞서 능동적으로 대처하며 성장해 왔다. 지난해에는 통합디지털마케팅 회사 '인터웍스미디어'를 설립해 디지털 마케팅 역량을 강화했다. 그리고 이번에 출간하는 세 번째 휘닉스컴 신서 《크로스위치》 역시 커뮤니케이션 2.0 시대에 걸맞은 솔루션을 제공하기 위한 휘닉스커뮤니케이션즈의 신념과 노력의 결과물이다.

끝으로 이 책이 많은 독자들에게 커뮤니케이션 2.0적 사고와 실천을 위한 좋은 지침이 되기를 기대한다.

(주) 휘닉스커뮤니케이션즈

머리말

커뮤니케이션과 미디어 영역에서 '크로스미디어'란 용어가 자주 등장한 것은 2004년 무렵부터였습니다. 변화의 속도가 빠른 이 영역에서는 유행하는 키워드가 부상하고 곧 사라지는 일이 다반사입니다.

이러한 가운데 '크로스미디어'는 지금도 여전히 주목받는 키워드입니다. 많은 사람들이 크로스미디어를 새로운 커뮤니케이션 플래닝의 주류이자 중요한 방향으로 인식하고 있기 때문입니다. 그러나 크로스미디어는 이를 받아들이는 사람에 따라 차이가 있는 것 같습니다. 크로스미디어에 대한 정의가 애매했던 점도 그 이유 중 하나일 것입니다.

클라이언트의 과제 해결을 위해 덴츠는 일찍이 전사 차원에서 '크로스미디어 개발 프로젝트'를 추진하여 해당 영역에서 다양한 크로스미디어를 개발, 노하우를 축적하고 실천해 왔습니다. 본 프로젝트 팀은 마케팅, 크리에이티브, 미디어, 프로모션, 인터랙티브, R&D 등 다양한 전문성과 경험을 갖춘 덴츠 직원들로 구성된 크로스 펑셔널팀(*Cross Functional Team*)입니다.

팀 구성원들 간의 수많은 토론과 현장 플래닝 등을 통해 크로스미디어의 개념, 노하우, 성공사례, 방법 및 분석기법 등이 연일 탄생되었습니다. 이 책은 이러한 프로젝트 성과를 처음으로 체계적으로 정리한 것입니다. 따라서 이 책에는 '크로스미디어의 본질', '효과적인 크로스미디어 커뮤니케이션 실천을 위한 노하우' 등의 내용이 풍부하게 담겨있습니다.

또한 칸국제광고제와 ADFEST(아시아태평양광고제) 등 해외 광고상 수상작을 포함하여 크로스미디어 실천에 도움을 줄 10가지 성공사례를 담았습니다. 그리고 덴츠가 개발한 플래닝과 아이디어 발상, 성과 평가에 도움이 되는 덴츠의 9가지 최신 방법과 도구도 소개되어 있습니다.

책 제목 '크로스위치'(Crosswitch)는 '크로스미디어를 실천함으로써 소비자 마음에 스위치를 켠다'는 뜻을 담은 신조어입니다. 크로스미디어 커뮤니케이션의 효과적 디자인을 통해 더 많은 소비자들이 호감과 신뢰, 구매와 추천 등 마음의 스위치를 켜서 기업 및 브랜드와 좋은 관계를 구축하길 기대합니다.

덴츠 크로스미디어 개발 프로젝트 팀

크로스위치

세계 No.1 광고대행사
덴츠의 크로스미디어 커뮤니케이션 전략

● 차 례 ●

제 3 장

제 4 장

제 **5** 장

제1장

'오지 마라'했더니 몰려드는 사람들

"소비자에게 메시지가 예전만큼 잘 전달되지 않는 것 같다"라는 얘기를 자주 듣는다.

정보가 넘쳐나는 이 시대에 사람들은 '정보 방어막'을 치고 자신이 원하는 정보, 흥미로운 정보에만 관심을 보인다. 앞으로의 커뮤니케이션에서는 이런 사람들을 '유인하고, 흥미를 갖게 하는', 접근이 중요하다.

제1장에서는 소비자가 '정보 방어막'을 뚫고 나오게 하는 데 성공한 〈점프 스퀘어〉 창간 캠페인 사례와 독자적으로 실시한 소비자 조사를 통해 이 시대에 '크로스미디어'가 왜 필요한지 그 배경부터 살펴보고자 한다.

1-1 '정보 방어막'을 친 소비자를 유인하다

"기존 방식 그대로 커뮤니케이션을 해도 될까?"

"경쟁 브랜드보다 광고량을 늘리기만 하면 효과가 있을까?"

요즘 이런 말을 종종 듣는다.

최근에 우리를 둘러싼 정보 환경은 경이로울 정도로 변화했다. 인터넷과 휴대폰의 보급, 다채널화 등의 발전을 통해 미디어는 다양화되고 세분화되었다. 이러한 환경 속에서 소비자는 유익한 정보마저도 '나와는 상관없는 것'으로 판단하고 차단시켜 버린다. 우리는 이런 소비자 행동을 "'정보 방어막'을 치고 있다"고 표현한다.

'정보 방어막'을 친 소비자

그럼 왜 이들은 '정보 방어막'을 치는 걸까? 우리는 그 이유를 다음 세 가지로 보고 있다.

① 정보량의 급증
② 소비자가 능동적으로 정보 입수 가능
③ 상품 차별화의 어려움

① 정보량의 급증

인터넷과 휴대폰 보급이 증가함에 따라 블로그나 입소문 사이트 등을

그림 1-1 정보 방어막을 친 소비자

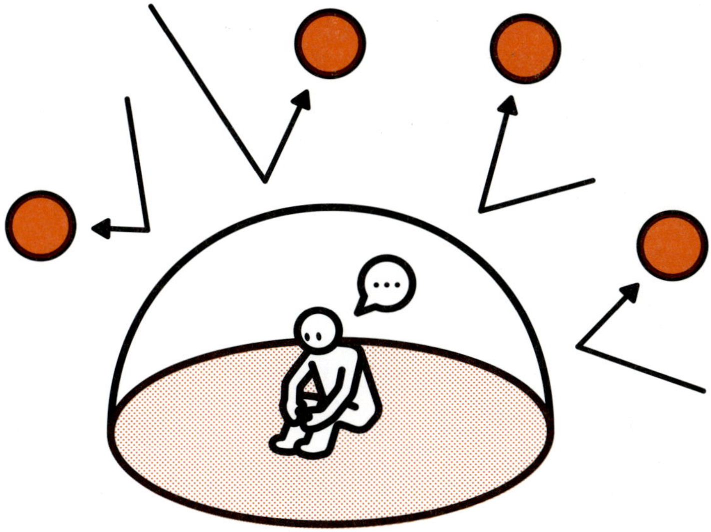

통해 정보를 직접 발신하는 소비자가 늘고, 다채널화 등으로 인해 세상에 유통되는 정보량이 폭발적으로 증가하고 있다.

그러나 정보가 아무리 늘어나도 사람의 정보처리 능력까지 향상되지는 않는다. 모든 정보를 처리하려면 생활에 지장이 생기기 때문에 정보를 접해도 그냥 흘려보내는, 즉 '정보 방어막'을 칠 수밖에 없는 상황이 되었다.

일본 총무성의 통계자료에 의하면 '접촉 가능한 정보량'이 급증하고 있는 반면 '소비된 정보'는 그다지 증가하지 않았으며 세상 정보량의 약 3분의 2는 소비되지 않은 채 소실된다고 한다.

'정보화 시대'는 종말을 고하고 '정보과잉 시대'가 시작된 것이다.

② 소비자가 능동적으로 정보 입수 가능

인터넷 기술과 인프라 발달로 언제 어디서나 어떤 정보라도 PC나 휴대폰으로 순식간에 검색할 수 있다. 전문적인 정보나 사소한 정보까지도 누군가가 알려 준다. 인터넷상에는 수많은 사람들의 정보와 지식이 축적되어 있기 때문이다. '원하는 정보는 내가 직접 찾겠다.' 이런 생각과 행동이 당연시되면서 이제 소비자는 기업이 일방적으로 발신하는 정보를 곧이곧대로 받아들이지 않게 되었다.

게다가 소비자의 취미와 기호의 세분화는 이 현상을 가속화시켰다. 더 이상 기업이 발신하는 대중정보가 내가 원하는 수요를 충족시키지 못한다고 판단할 경우 소비자들은 자연스럽게 '정보 방어막'을 치게 된다.

그림 1-2 정보량의 증가

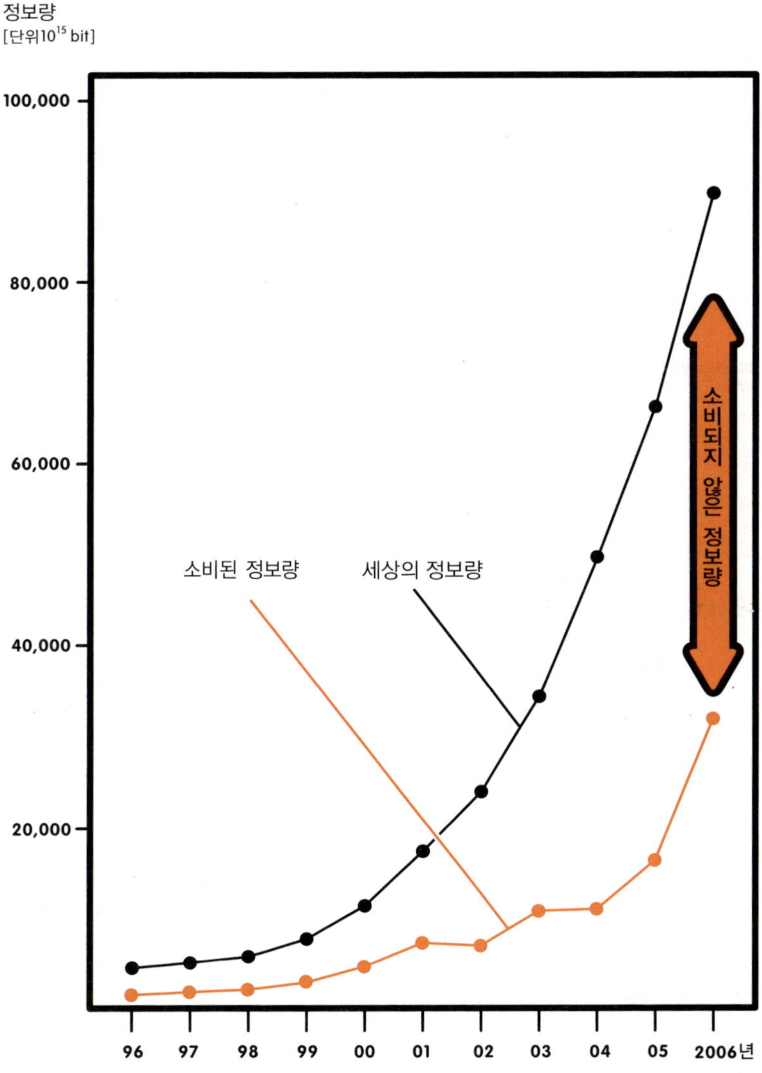

(일본 총무성 정보유통센서스조사, 정보통신백서 2008년판)

③ 상품 차별화의 어려움

기업은 소비자들의 만족을 기대하면서 신상품을 개발하고 판매한다. 그러나 모든 신상품이 '경쟁사는 상상조차 못할 콘셉트, 기술적으로 모방할 수 없는 히트 상품'이 될 수는 없다.

최근에는 '상품 공급 사이클'이 가속화되어 신상품과 신상품과의 차별화 포인트가 미미해지고 있다. 또한 기업들의 기술력이 대등하기 때문에 신상품을 개발해도 유사한 상품들이 곧바로 개발·출시되는 경우가 많다.

따라서 소비자들은 신상품이 연이어 출시되고 화려한 캠페인이 전개되어도 "다 거기서 거기지, 뭐"라고 생각해 버린다.

'정보 방어막'을 '뚫고 나오게 하는' 접근방식이 중요하다

그럼 '정보 방어막' 안에 있는 소비자에게 메시지를 전달하려면 어떻게 하면 될까?

광고 커뮤니케이션의 크리에이티브 파워를 통해 '정보 방어막'에서 나오게 하는 방법은 여전히 효과적이다. 이 방법이 제대로 효과를 발휘할 수 있을 때는 차별화 포인트(*USP: Unique Selling Proposition*)[1]가 명확한 상품일 경우이다. 여기에 강력한 크리에이티브가 결합되었을 때 절대적인 힘을 발휘하게 된다.

그러나 최근에는 소비자가 스스로 '방어막'을 뚫고 나오게 하는 발상

1. '그 상품만의 장점을 살린 독특한 판매 제안'을 뜻함. 소비자 니즈에 부합하고 경쟁사에는 없는 독특한 제안을 발견하는 것이 광고제작의 기본이라는 견해.

그림 1-3 '정보 방어막'을 친 소비자에 대한 두 가지 접근방식

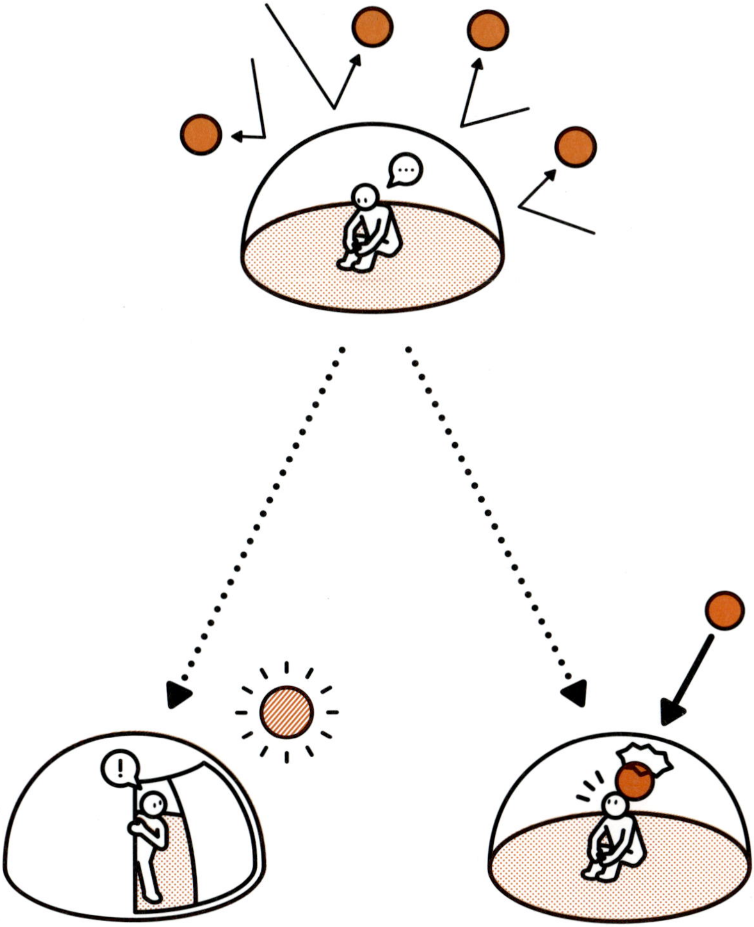

'유인하는' 접근방식

'뚫고 나오게 하는' 접근방식

의 캠페인이 주목 받고 있다. 이것은 소비자들이 관심을 가질 만한, 혹은 참여하고 싶어 할 만한 정보를 제시함으로써 '방어막'에서 '유인해 내는' 접근방식이다.

일본신화 '아마노이와토(天岩戸)전설'에 이를 상징하는 에피소드가 있다. 태양신 아마테라스는 스사노오의 포악함을 견디다 못해 바위굴 안에 들어가 버려 온 세상은 어두워지게 되었다. 여러 신들은 아마테라스를 유인해 내기 위해 춤과 무용의 여신 아메노우즈메를 바위 문 앞에서 춤추고 노래하게 하였고, 이를 보면서 크게 소리 내어 즐거워했다. 결국 아마테라스는 여기에 이끌려 바위굴에서 나오게 되었고, 세상은 다시 밝아졌다는 내용의 신화이다.

태고 시대부터 사람들을 힘으로 움직이려 하기보다는 흥미와 관심을 유발시켜 스스로 행동하게 하는 것을 중요시했다. 그러나 우리가 종종 이 중요함을 잊어버리기 때문에 이런 교훈이 되풀이되어 이야기되고 있다.

이제 '흥미를 유발시켜' '유인하는' 접근방식으로 커뮤니케이션을 설계하고, 참신한 캠페인을 전개해서 크게 성공한 슈에이샤(集英社)의 〈점프 스퀘어〉 창간 캠페인 사례를 소개하겠다.

1-2 '검색하지 마세요': 슈에이샤〈점프 스퀘어〉 창간 캠페인

슈에이샤가 발행하는 만화잡지 〈점프 스퀘어〉는 예전에 휴간된 〈월간 소년점프〉 후속지로서 2007년 11월에 창간되었다. 〈점프 스퀘어〉는 웹사이트와 TV광고, 교통광고 등을 효과적으로 활용해서 원래 만화잡지에 관심이 없던 독자층, 즉 '정보 방어막'을 친 타깃을 유인하는 데 성공하였다. 결국 〈점프 스퀘어〉는 새롭게 창간하는 만화잡지로는 이례적으로 매진을 기록, 증쇄까지 하였다.

낙관적이지 않은 시장 상황에서 새롭게 도전

최근에 만화잡지의 전체적 매출은 저조한 상태였다. 게임과 휴대폰 등에 시간과 돈을 소비하는 사람들이 늘고 있는 점도 매출하락의 원인 중 하나로 들 수 있었다.

이런 상황에서 슈에이샤는 〈점프 스퀘어〉 창간호의 발행부수를 50만부로 정했다. 이는 휴간 이전(2007년 6월)에 발행부수가 35만부(실매 부수 25만부)였던 〈월간 소년점프〉의 발행부수를 훨씬 웃도는 것이었다. 기존에 〈월간 소년점프〉를 구독했던 핵심 만화팬들뿐 아니라 새롭게 25만부를 구독해 줄 일반 독자를 확보해야만 했다. 그야말로 큰 도전 과제였다.

'만화 마니아 팬층 = 핵심층'도 식상한 창간 홍보에는 관심을 갖지 않는다. 더욱이 '일반층'은 원래 만화 자체에 관심이 없다. 따라서 단순하게 창간호의 콘텐츠를 알리는 광고만으로는 좀처럼 효과가 나타날 수 없는 상황이었다. 따라서 슈에이샤는 창간에 앞서 핵심층과 일반층 양쪽의 관심을 끌 수 있는 캠페인을 전개해야만 했다.

그림 1-4 〈점프 스퀘어〉 창간호

'오지 마라' 했더니 몰려드는 사람들

창간 3주 전쯤 심야 시간대를 중심으로 충격적인 TV광고가 전개되었다. 웹사이트 검색창에 입력된 〈점프 스퀘어〉란 글자를 ×자로 지우고 "슈에이샤가 드리는 당부의 말씀. 곧 창간될 〈점프 스퀘어〉를 인터넷상에서 검색하지 마세요"라고 부탁하는 내용이 떴다. 이미 8월부터 인터넷상에 공식 사이트를 개설하여 작가 및 작품들을 조금씩 소개하고 있었다. 그런데 '검색하지 마세요'라는 메시지를 내보낸 것이다.

하지 말라고 하면 하고 싶어지는 게 사람의 심리. 많은 사람들이 관심을 갖고 앞다투어 검색창에 〈점프 스퀘어〉를 입력했다. 접속해 보니 공식 사이트는 이미 폐쇄되었고, '편집부의 당부 말씀'만이 사이트를 장식한 채 〈점프 스퀘어〉에 대한 정보를 제공하지 못한다는 사과메시지만 남겨져 있었다.

일반층은 별반 특별하지도 않은 화면에 실망하면서 홈페이지를 나왔다. 하지만 핵심층의 반응은 달랐다. "어제까지 멀쩡했던 공식 사이트가 폐쇄되었다고? 말도 안 돼! 반드시 뭔가가 있을 거야."

그대로 가만히 20초를 기다렸더니 갑자기 창간호에 등장할 만화 캐릭터가 플래시 애니메이션으로 움직이기 시작했다. 만화 캐릭터는 편집부의 '사과의 글' 사이를 비집고 뛰어다녔다. '사과의 글'을 찢고 튀어나와 글자에 기어오르고 부숴뜨리고…. 10여 개의 캐릭터들이 20초마다 교대로 등장했다.

여기에 확신을 가진 핵심층은 '다른 것을 검색해 보세요'라는 글을 찾았다. 그리고 사이트 검색창에 〈점프 스퀘어〉라는 글자를 입력했다. 한 번이 아니라 끈기 있게 세 번 반복해서 입력했더니 드디어 "포기하지 않은 당신의 열정과 끈기에 두 손 들었습니다"라고 쓰인 '비밀 사이트'가 나왔다. 이곳에는 〈점프 스퀘어〉에 게재될 작품들의 상세정보와 작가의 집필 동향을 소개하는 영상 등 프리미엄 콘텐츠가 가득 실려 있었다.

핵심층은 이 '숨겨진 정보'를 찾아냈다는 사실을 재빨리 자신의 블로그 등에 올렸다. 순식간에 인터넷상에서 입소문이 퍼졌다. 방문했다가 그냥 나간 사람이나 아무것도 몰랐던 사람들이 대거 〈점프 스퀘어〉홈페이지에 몰려들었다.

그림 1-5 '검색하지 마세요' TV CF와 웹사이트의 전개

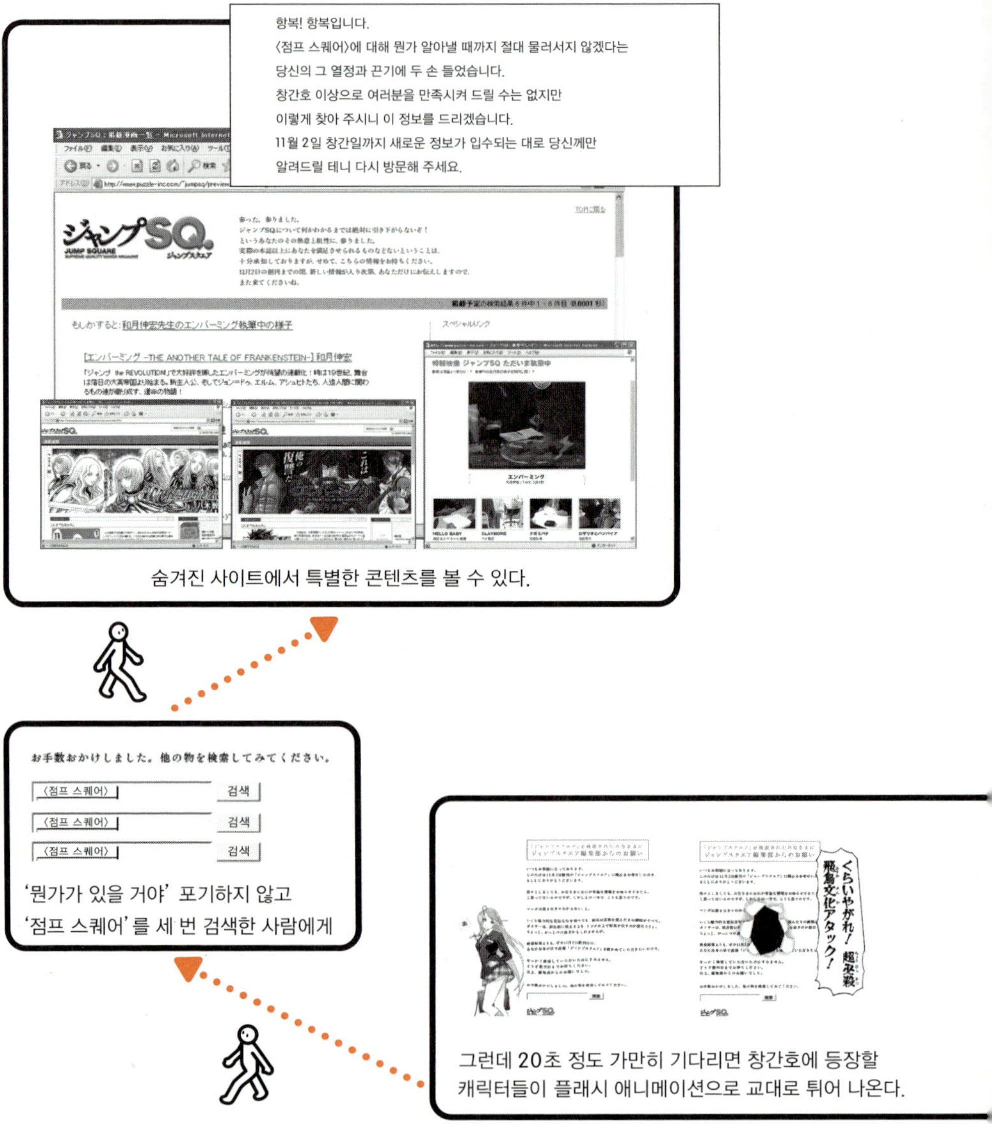

TV CF '검색하지 마세요'

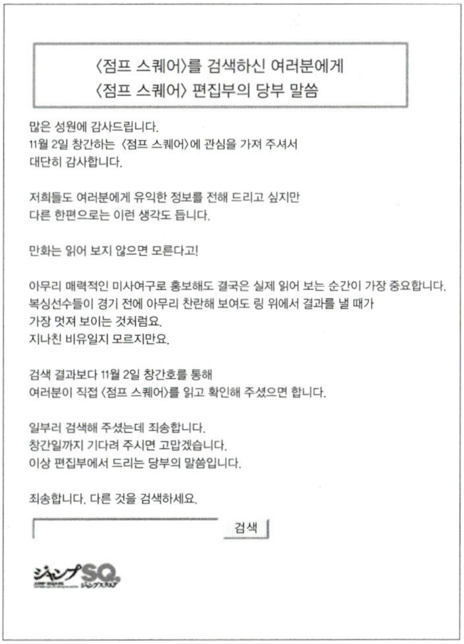

〈점프 스퀘어〉를 검색하신 여러분에게
〈점프 스퀘어〉 편집부의 당부 말씀

많은 성원에 감사드립니다.
11월 2일 창간하는 〈점프 스퀘어〉에 관심을 가져 주셔서
대단히 감사합니다.

저희들도 여러분에게 유익한 정보를 전해 드리고 싶지만
다른 한편으로는 이런 생각도 듭니다.

만화는 읽어 보지 않으면 모른다고!

아무리 매력적인 미사여구로 홍보해도 결국은 실제 읽어 보는 순간이 가장 중요합니다.
복싱선수들이 경기 전에 아무리 찬란해 보여도 링 위에서 결과를 낼 때가
가장 멋져 보이는 것처럼요.
지나친 비유일지 모르지만요.

검색 결과보다 11월 2일 창간호를 통해
여러분이 직접 〈점프 스퀘어〉를 읽고 확인해 주셨으면 합니다.

일부러 검색해 주셨는데 죄송합니다.
창간일까지 기다려 주시면 고맙겠습니다.
이상 편집부에서 드리는 당부의 말씀입니다.

죄송합니다. 다른 것을 검색하세요.

검색

ジャンプSQ.

사과 사이트 '공개할 수 없습니다'

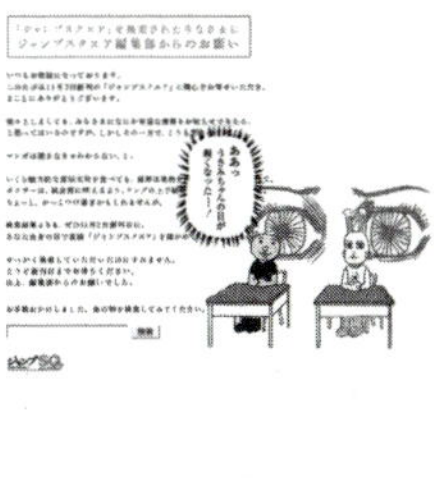

휴대폰 사이트와 교통광고를 통한 '입소문'의 연쇄 작용

입소문의 연쇄 작용은 계속 확산되었다. 그 '비밀 사이트'에는 창간호에 게재될 만화의 제1화를 발매에 앞서 읽을 수 있는 휴대폰 사이트 접속 방법이 공개되어 있었다. 먼저 핵심층이 이곳에 접속했고 이를 자랑하기 위해 다른 친구들에게 전송했다. 친구는 또 다른 친구에게 전송하고…젊은이들에게 가장 가까운 존재인 휴대폰이 입소문 도구로 변한 순간이었다.

또한 교통매체로서 야마노테센(山手線 — 역주: 도쿄 내 순환전철)을 이용하여 특별한 일을 꾸몄다. 〈점프 스퀘어〉 작가들의 만화 릴레이를 전개한 것이다. 전철역마다 다 내려서 읽지 않으면 읽을 수 없는 전철역의 연재만화 코너를 만들었다.

"도쿄역 4번 승강장에서 읽었다."

"코마고메역에서 봤다."

"전부 읽었다."

입소문은 핵심층에서 일반층으로 전달되고 또 그 지인들로 확산되었다. '정보를 찾아내는' 재미가 한꺼번에 퍼진 것이다.

창간호가 발행되기도 전에 이미 3만 명의 블로그에서 이런 일련의 과정들이 회자되었다.

서점 매진 속출, 서둘러 증쇄

2007년 11월 2일 창간호 발매일. 발행부수는 50만부였는데 며칠 후 서점마다 매진이 속출해 10만부 증쇄를 결정했다. 이는 슈에이샤 잡지로

그림 1-6 휴대폰 사이트와 교통광고 전개

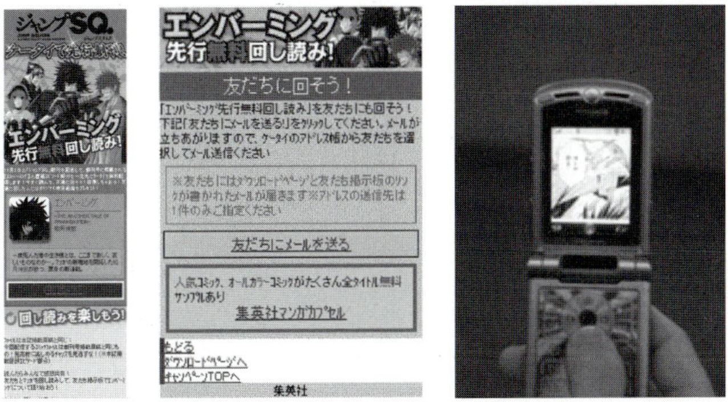

휴대폰 사이트 '창간호 제1화 미리 돌려읽기 무료!'(화면)

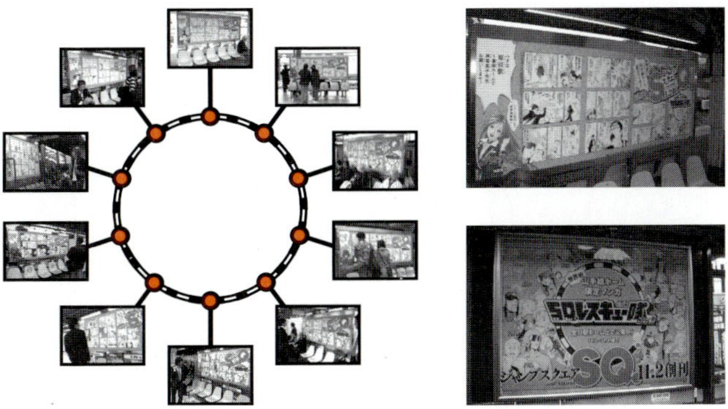

교통광고 야마노테센 승강장 한정 만화
'야마노테센 일주 만화여행 SQ. 구조대가 간다!!'

그림 1-7 블로그 노출 추이

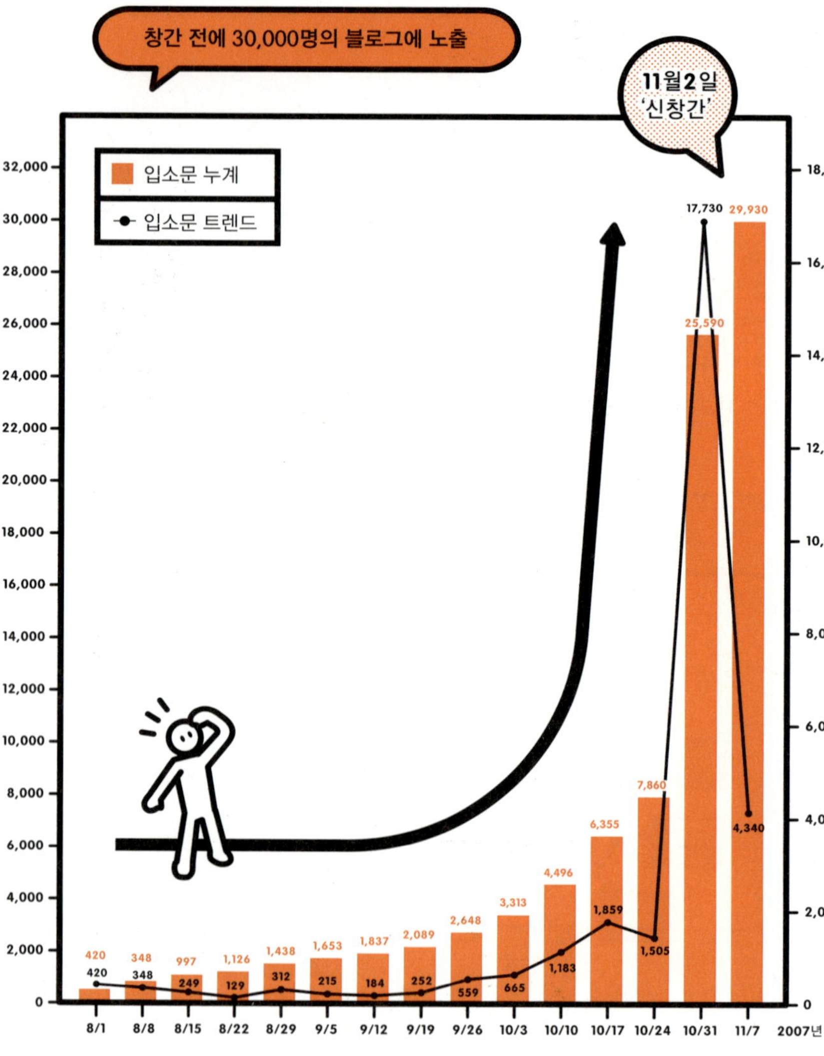

(덴츠 버즈 리서치 Ver2.0 결과)

는 32년 만의 쾌거로 결국 최종적으로 60만부 판매를 달성했다. 또한 구매층도 직장 남성들과 성인 여성들이 많아 만화에서 멀어진 층을 확보하는 데에도 성공했다.

사실 이 캠페인의 성공 포인트는 핵심층을 활용하는 것이었다. 일반층이 핵심층에게서 들은 특별한 정보는 그들을 '정보 방어막'에서 부담 없이 유인해 내는 데 최고의 방법이었다.

따라서 정보가 핵심층에게만 우선적으로 전달되도록 '정보를 숨겨' 두고 핵심층이 수고와 시간을 들여 그것을 '찾아내는 과정'을 만들었다. 핵심층이라면 숨겨져 있는 정보를 찾아내고 싶어 하고, 또 찾아낸 정보를 누군가에게 알리고 싶기 마련이다.

그 결과 핵심층과 일반층 간에 '정보격차'가 발생하여 핵심층에서 일반층으로, 그리고 일반층에서 또 다른 일반층으로 순식간에 입소문이 퍼져 나갔다.

〈점프 스퀘어〉 창간 캠페인은 2008년 제55회 칸 국제광고제 미디어 부문 동사자상, 2008년 제11회 ADFEST(아시아태평양광고제) 다이렉트 로터스 동상, 2008년 제49회 클리오광고제 동상, 2008년 제6회 도쿄 인터랙티브 애드 어워즈(*Tokyo Interactive Ad Awards*)의 인터그레이티드 캠페인 부문 금상을 수상하였다.

1-3 젊은층만 인터넷에 접속하는 것은 아니다

〈점프 스퀘어〉는 젊은 층이 타깃이니까 그들이 알아서 정보를 수집하지만 다른 상품이나 서비스는 이게 안 통하지 않을까? 이렇게 생각하는 사람도 있다. 그러나 TV나 신문을 중심으로 한 매스미디어, 인터넷과 휴대폰 등의 인터랙티브 미디어 등 여러 미디어를 잘 활용해서 상호 연동시키면 원하는 정보를 찾으려는 행동은 더 이상 젊은 층만의 전유물이 아니다. 이는 40~50대에 이르는 모든 세대에서 폭넓게 이루어지고 있다는 것을 조사결과[2]를 통해 확인할 수 있다.

'광고 본 후 인터넷 검색' 모든 연령층에 확산

최근 한 달 이내에 '광고를 본 후 인터넷이나 휴대폰으로 키워드 검색을 한 적이 있다'고 응답한 사람은 67.7%에 달한다. 소비자는 관심 있는 광고에 대해서는 적극적으로 정보를 접촉하고 있는 것이다.

성별, 연령대별로 보면 모든 연령대에서 남성의 검색 비율이 높은데, 특히 30대 남성이 76.7%로 가장 높다. 한편 가장 낮은 50대 여성도 절반 가까운 44.6%가 검색을 하고 있었다.

2. '크로스미디어행동조사'(2008년 2월 실시). 소비자의 실제 정보행동, 구매행동을 상호비교 파악하기 위한 인터넷 조사. 조사개요에 대해서는 이 책 218쪽 참조.

그림 1-8 최근 한 달 동안 광고를 보고 키워드 검색한 사람

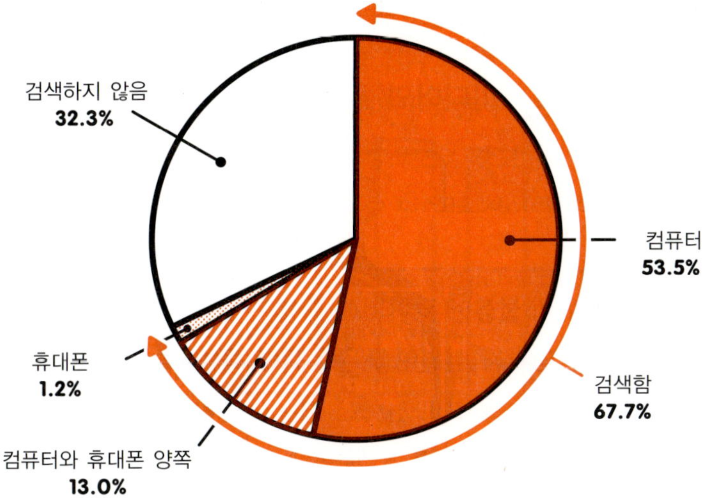

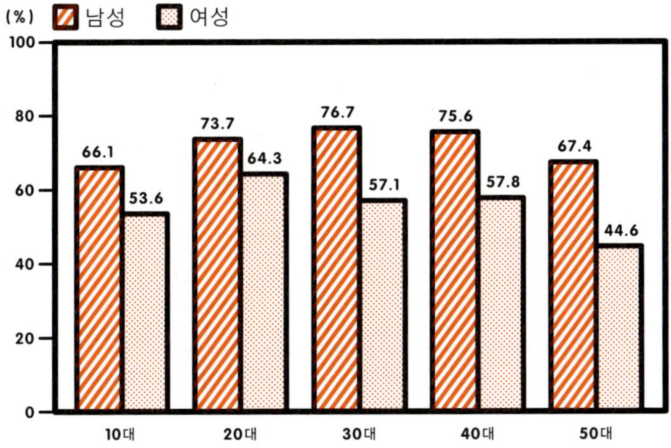

(덴츠 '크로스미디어행동조사')

그림 1-9 매스미디어를 계기로 인터넷에 접속

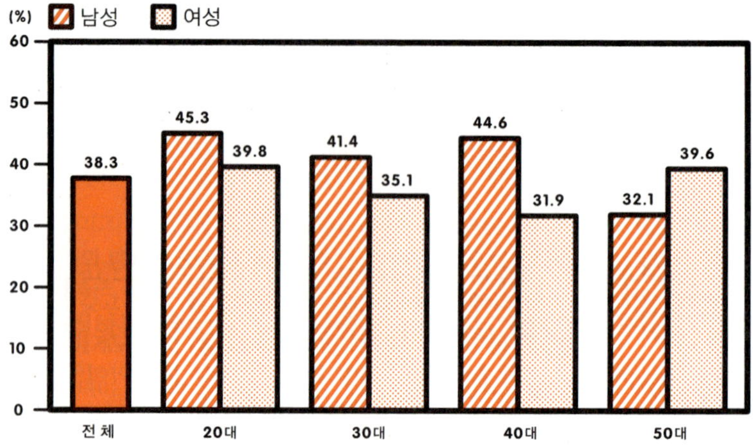

TV에서 본 내용을 바로 인터넷에서 찾아본 적이 있다

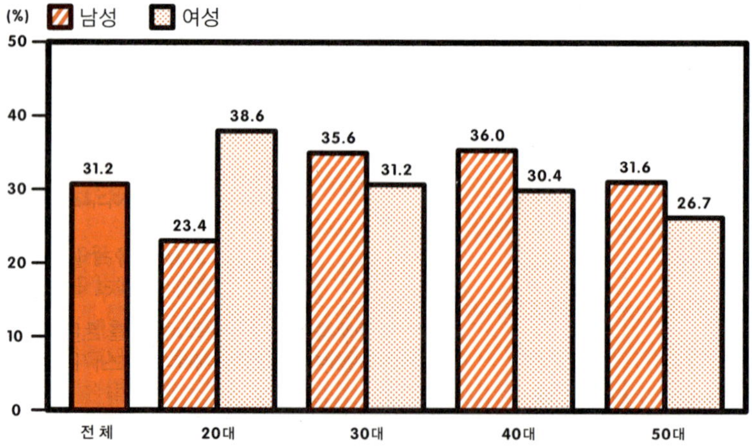

잡지광고를 계기로 기업 및 상품의 공식 사이트에 접속한 적이 있다

(덴츠 '크로스미디어행동조사')

매스미디어를 계기로 인터넷에 접속하는 사람은 40~50대에도 많다

다음으로 다른 미디어 접촉 행동을 살펴보자. 'TV에서 본 내용을 바로 인터넷에서 찾아 본 적이 있다'는 응답이 전체 중 38.3%이었으며 성별, 연령대별로도 큰 차이는 없었다. 40대 남성이 44.6%, 50대 여성이 39.6%로 40~50대에서도 높게 나타났다.

한편 '잡지광고를 계기로 기업 및 상품의 공식 웹사이트에 접속한 적이 있다'는 응답은 전체 31.2%를 차지하였다. 20대의 여성이 38.6%로 가장 높았으며 연령이 높아질수록 감소하는 경향을 보였다. 남성은 30대, 40대가 최고를 기록했다.

미디어별로 차이는 있지만 매스미디어가 계기가 되어 인터넷에 접속하는 행동은 40~50대까지도 확산되고 있다는 사실을 알 수 있다.

1-4 향후 캠페인에 필요한 요소

지금까지 살펴본 것처럼 소비자는 '정보 방어막'을 치는 한편, 관심 있는 것에 대해서는 적극적으로 정보를 수집하는 행동을 한다. 이러한 소비자에게 효과적으로 접근하기 위해 기존과는 다른 새로운 커뮤니케이션이 필요하다.

〈점프 스퀘어〉 사례에서도 알 수 있듯이 오랫동안 '만화의 성공은 작품성에 있다'고 여겨져 온 출판사, 그 중에서도 특히 강력한 콘텐츠를 보유하고 있던 '월간 점프'마저도 독자들의 관심을 유발하고 유인하기 위한 '특별한 장치'를 마련함으로써 판매부수를 비약적으로 늘리는 데 성공했다. 이처럼 기존 캠페인의 틀에 얽매이지 않는 새로운 커뮤니케이션을 모색하려는 움직임은 점점 활발해지고 있다.

- 소비자를 유인할 수 있는가?
- 소비자를 능동적으로 관여시키고 행동을 유발시킬 수 있는가?
- 커뮤니케이션을 통해 기업 및 브랜드와 소비자 간에 '강한 관계', 이른바 '연대감'(*engagement*)을 구축할 수 있는가?

현재 이러한 과제 해결을 위한 방법으로 '크로스미디어 커뮤니케이션'은 하나의 주류로 주목 받고 있다.

제2장
아무도 가르쳐 주지 않은 '크로스미디어'의 비밀

크로스미디어란 무엇인가? 지금까지 적절한 정의가 없었지만 굳이 정의를 내려 보자면 크로스미디어란 '타깃을 움직이기 위한 시나리오(도선) 설계'이다. 유사한 용어인 '미디어믹스'와 비교했을 때, 소비자 마음에 침투하는 정도='깊이'가 요구된다는 점에서 차이가 있다. 그리고 크로스미디어 커뮤니케이션에서는 과제 해결을 위한 아이디어 발상을 할 때 핵심 아이디어 외에 '또 다른 아이디어'가 중요하다. 그렇다면 또 다른 아이디어란 무엇인가?

2-1 크로스미디어란 '시나리오 설계'

크로스미디어란 용어는 여러 가지로 해석되지만 원래는 '정보의 전달 수단'을 뜻한다. 즉 하나의 정보를 복수의 미디어로 표현한다는 의미이다. 이것이 기업의 광고 및 판촉활동 등을 위해 사용될 경우 단어 뜻 그대로 '미디어를 크로스(조합)시켜 전개하는 것'이라는 단순한 의미로 사용되는 경우도 많다.

크로스미디어의 정의

그러나 '기업의 과제를 해결하기 위한' 캠페인 플래닝 관점에서 생각할 때, 이 정의로는 불충분할 뿐 아니라 오히려 오해의 소지가 있다. 복수 미디어의 활용이 포인트가 아니라 제1장에서 살펴보았듯이 캠페인에서 중요한 것은 '소비자를 능동적으로 참여시켜 행동을 일으키게 하는 것'이기 때문이다.

크로스미디어를 한마디로 요약하자면 다음과 같이 표현할 수 있다.

'타깃을 움직이기 위한 시나리오(도선) 설계'

구체적으로 '크로스미디어'를 다음과 같이 정의한다.

① 타깃 인사이트와 미디어 인사이트에 입각하여

② 넓이(*Reach & Frequency*)와 깊이(*Depth*, 관여의 정도)를 고려하고

③ 커뮤니케이션의 시나리오(도선) 전개를 위해

④ 복수의 컨택 포인트를 효과적으로 결합시켜 설계하는 것

①은 '소비자 심리'를 기반으로 캠페인 설계를 했는지에 대한 관점이다. 타깃 특성, 라이프스타일, 미디어 활용법 등에 대해 심층적으로 고찰한 인사이트(깊은 통찰력)가 없다면 타깃의 마음을 사로잡는 아이디어는 탄생하지 않는다. 특히 미디어 인사이트는 소비자가 접하는 미디어 동향을 파악하는 한편 계속 새롭게 등장하는 뉴미디어와 기술 등에 대한 통찰도 필요하다.

②는 넓이뿐 아니라 '깊이'를 감안한 설계인가에 대한 관점이다. 정보와 광고가 얼마만큼 타깃에 도달했는지를 알 수 있는 도달률과 평균빈도(*reach & frequency*)[1]라는 '양적 관점=넓이'에 더해 타깃의 관여가 얼마만큼 깊어졌는지를 보는 이른바 '질적 관점=깊이'를 보는 것이다.

정보접촉을 통해 타깃에게 깊은 감명을 주는 직접적 경우 외에도 더 알고 싶어져서 정보수집을 시작하고 장기적으로 브랜드를 지지해 주는 등 다음 행동으로 이어지는 경우가 여기에 해당된다.

③은 이러한 상황 속에서 '타깃을 움직이는' 설계인지에 대한 관점이다. 이것이 가장 중요한 포인트다.

소비자의 동선 가운데 눈에 띄는 곳에 광고를 노출시키기만 하면 되는 시절도 있었다. 그러나 최근에는 소비자를 유도하고 소비자가 자발

1. Reach란 그 매체와 광고에 얼마만큼의 사람들이 접촉했는가에 대한 '도달률'을 뜻한다. Frequency란 매체나 광고를 본 사람들이 몇 번 보았는가에 대한 '도달접촉빈도'를 뜻한다.

그림 2-1 타깃을 움직이기 위한 시나리오(도선) 설계

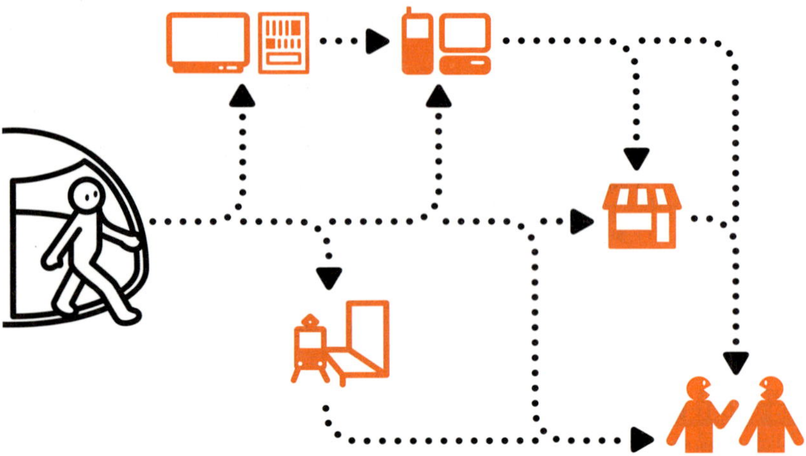

적으로 정보를 찾아 행동을 일으키게 하는 '액티브한 브랜드 체험'이 중요하다.

이때 어떠한 정보 접촉이 계기가 되어 다음 행동으로 이어지는 길이 생긴다. 소비자의 일상적 '생활행동의 길=동선(動線)'과는 달리 기업이 발신한 정보에 접촉함으로써 다음 행동이 유발되는 창조적 길이 열리기 때문에 우리는 이를 '도선'(導線)이라 부른다.

이 도선이 제대로 설계되어 전체 이미지가 그려진 것이 캠페인의 '시나리오'이다. 매력적인 시나리오 설계를 통해 소비자는 브랜드에 관심을 갖고 주목하게 되면서 어느새 그 브랜드의 팬이 되어 간다. 그러면서

그 브랜드를 구매하는 것은 물론이고 다른 사람에게까지 이야기하고 싶어지는 등 그야말로 '액티브한 브랜드' 체험을 하게 된다.

④는 '컨택 포인트 발상'으로 설계되었는가에 대한 관점이다. 컨택 포인트란 TV광고나 매장, 입소문 등 '소비자와 브랜드를 연결해 주는 다양한 접점'을 말한다.

좁은 의미의 크로스미디어는 인터넷이 주축이 되어 매스미디어와 매장을 연동시키는 개념이다. 그러나 인터넷 활용의 효과를 부정하는 건 아니지만, 반드시 인터넷이 주축이 될 필요는 없다.

시나리오를 설계할 때는 소비행동에 맞는 컨택 포인트의 흐름에 따라 특정 미디어에 얽매이지 않는 미디어 중립적 관점에서 설계해야 한다.

이상과 같이 세밀하게 정의를 내려 보면 크로스미디어는 광고, SP, PR, 이벤트, 인터랙티브 등을 통합하는 IMC(통합 마케팅 커뮤니케이션)[2] 속에서 컨택 포인트를 잘 결합시킨 플래닝 기법이라는 것을 알 수 있다.

크로스미디어는 '뉴스가 적은 브랜드'에 효과적

크로스미디어 커뮤니케이션은 어떤 경우에 전개하면 좋을까? 앞서 말했듯이 캠페인 중에는 크리에이티브로 소비자의 마음을 매료시켜, 그대로 구매로 이어지게 하는 방법도 있다. 이른바 '원 빅 크리에이티브'

2. Integrated Marketing Communication은 브랜드와 고객 간의 장기적 관계강화와 바람직한 구매행동 극대화를 목적으로 광고, 세일즈 프로모션(SP), PR, 다이렉트 마케팅, 이벤트, 인터랙티브 등 각 부문별로 추진해 온 기업의 커뮤니케이션 제반 활동의 통합을 통해 시너지 효과를 발휘하려는 지속적인 마케팅 활동.

(*One Big Creative*)이다. 예전부터 존재한 이 기법은 현재도 매우 효과적이다.

다만 이것이 그 위력을 발휘할 때는 '차별화 포인트가 명확한 브랜드'일 경우가 많다. 경쟁 제품들과 확실히 차별화된 상품이나 서비스가 일단 주목을 받으면 인기가 높아지고 자연적으로 입소문도 퍼진다. 따라서 첫 관심을 유발하는 일이 매우 중요하다.

크로스미디어 커뮤니케이션은 실은 '뉴스가 적은 브랜드'에 가장 효과적이다. 예를 들어 다음과 같은 경우들이다.

- 참신함이 떨어진 롱 셀러 브랜드
- 마이너 리뉴얼한 브랜드
- 특징을 한마디로 알리기 어려운 브랜드
- 차별화가 어려운 카테고리에 속하는 브랜드
- 소비자 관여도가 낮은 카테고리의 브랜드

소비자가 관심을 보이지 않을 경우 소비자를 '정보 방어막'에서 이끌어내 관여도를 높여 줌으로써 구매행동으로 연결시키는 길을 꾸준히 찾아내는 것이 중요하다.

물론 원래부터 관여도가 높은 브랜드라도 크로스미디어 커뮤니케이션을 전개하면 더 높은 효과를 발휘한다. 매장을 찾게 하는 확실한 '도선'을 만들어 주기 때문이다.

2-2 미디어믹스와 크로스미디어의 차이점

'미디어믹스'와 '크로스미디어'의 차이점에 대한 질문을 자주 받는다.

미디어믹스는 광고 캠페인에서 오랫동안 사용된 용어이다. 하나의 캠페인 목표를 달성하기 위한 효율적인 미디어 조합과 예산 배분을 뜻하는 경우가 많다. 여기서 말하는 효율적 방법이란 '가급적 넓은 도달(*research & frequency*)을 위해 다양한 미디어를 적은 예산으로 활용하는 것'을 의미한다. 뛰어난 크리에이티브 표현을 소비자에게 가급적 널리 도달시키고 인지시키려 할 때에는 미디어믹스 기법이 매우 효과적이다.

한편 우리가 말하는 크로스미디어란 ①타깃이나 미디어 인사이트에 입각하여 ②넓이와 깊이를 생각한 ③커뮤니케이션의 시나리오(도선)를 ④여러 컨택 포인트를 효과적으로 조합시켜 설계하는 것이라고 정의했다.

이 크로스미디어 정의에 포함된 4가지 포인트에 따라 미디어믹스와 크로스미디어 각각의 플래닝 개념과 관점의 차이에 대해 알아보겠다.

미디어믹스와 크로스미디어를 생각하는 4가지 관점

우선 타깃에 관해 살펴보면 미디어믹스는 타깃을 정할 때 예를 들어 M1(만 20~34세 남성), M2(만 35~49세 남성) 등 대부분 연령과 세대 등 인구통계학적 특성으로 소비자를 분류한다. 미디어 환경에 큰 개인차가 없고 소비자 간에 정보가 어느 정도 균등하게 침투되어 있을 경우에는 이러한 접근법이 효과적이다. 반면 크로스미디어는 타깃 인사이트나 미디어 인사이트를 중시한다. 소비자가 무엇을 생각하고 무엇을 원하는지, 타깃의 생활가치나 미디어 행동, 정보 수집방법 등의 특징을 파악하는 것이 아이디어 발상의 출발점이 되기 때문이다.

다음으로 커뮤니케이션의 목적과 목표에 대해 살펴보자. 미디어믹스는 소비자에게 전하고 싶은 메시지를 얼마나 효율적으로 도달시킬 것인가를 중시한다. 같은 비용으로 더 많은 소비자에게 메시지를 전달하면 결과적으로 인지도가 상승하여 구매욕구도 올라간다는 발상이다. 반면, 크로스미디어는 더 널리 알리는 것과 함께 소비자의 마음을 깊이 사로잡아 그들의 능동적인 행동을 유발시키는 것을 중시한다. 넓이뿐 아니라 구매로 이어지는 '깊이'의 밸런스를 커뮤니케이션의 목적으로 삼고 있다.

그 결과 가장 중시하는 플래닝의 결과도 달라진다. 미디어믹스는 도달 효율을 극대화시킬 수 있는 커뮤니케이션 예산의 규모와 배분이 중요하다. 한편 크로스미디어에서는 타깃이 '정보 방어막'을 뚫고 나와 능동적으로 참여하게 만드는 커뮤니케이션의 시나리오(도선)가 가장 중요하다.

대상이 되는 미디어(컨택 포인트)에 대해서도 미디어믹스와 크로스미디어는 플래닝의 진행방식에 차이가 있다. 미디어믹스는 우선 TV광고나 잡지광고, 교통 및 옥외광고 등 '광고' 미디어를 중심으로 효율적 조합을 시도하는 경우가 많다. 이와 병행해서 PR, SP 및 이벤트 등 인터랙티브한 미디어 활동 등을 전개한다. 반면 크로스미디어는 소비자와 브랜드를 연결하는 모든 접점을 중립적으로 보고 나서 취사선택한 '컨택 포인트'가 플래닝의 대상이 된다. 예를 들어 TV광고나 잡지기사, 웹사이트, 매장 프로모션 등을 잘 결합시켜 플래닝한다.

그림 2-2 미디어믹스와 크로스미디어

미디어믹스	크로스미디어
인구통계학적 특성 등으로 구분한 타깃 설정	타깃 인사이트 및 미디어 인사이트를 중시
도달 효율 관점의 인지 및 구매 의향의 최대화	넓이(R×F)와 깊이(Depth)를 고려
미디어의 예산 배분이 아웃풋	커뮤니케이션의 시나리오(도선)가 아웃풋
광고미디어 중심 + PR + SP + 인터랙티브	복수의 컨택 포인트를 효과적으로 결합

미디어믹스는 타깃에게 효율적 메시지 전달을 위한 미디어 배분을 중시한다. 넓이 확보를 위한 효과적 방법이다.

반면 크로스미디어는 핵심 아이디어를 중심으로 타깃을 효과적으로 움직이기 위한 시나리오(도선) 설계가 포인트이다. 소비자를 브랜드에 능동적으로 참여하게 만들고 싶을 때 크로스미디어 커뮤니케이션이 필요하다.

데이터 활용에도 새로운 아이디어가 필요

크로스미디어 커뮤니케이션에서는 미디어 데이터베이스 활용에도 새로운 아이디어가 필요하다. 미디어 데이터베이스란 TV 시청률과 신문

그림 2-3 미디어믹스와 크로스미디어 각각의 중점 포인트

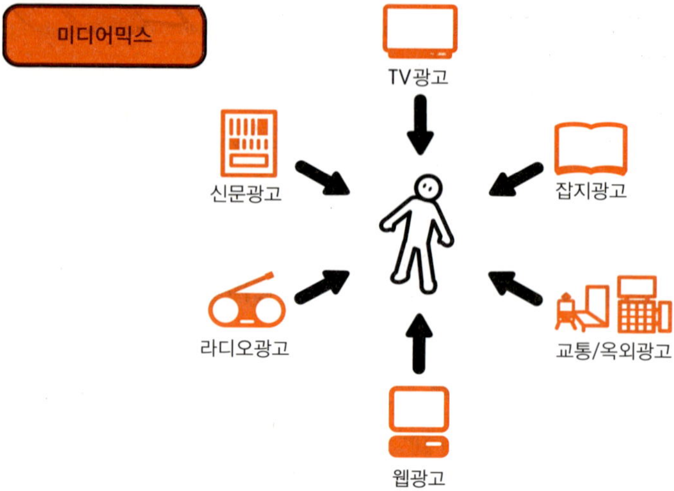

타깃에 전달하기 위한 미디어 배분

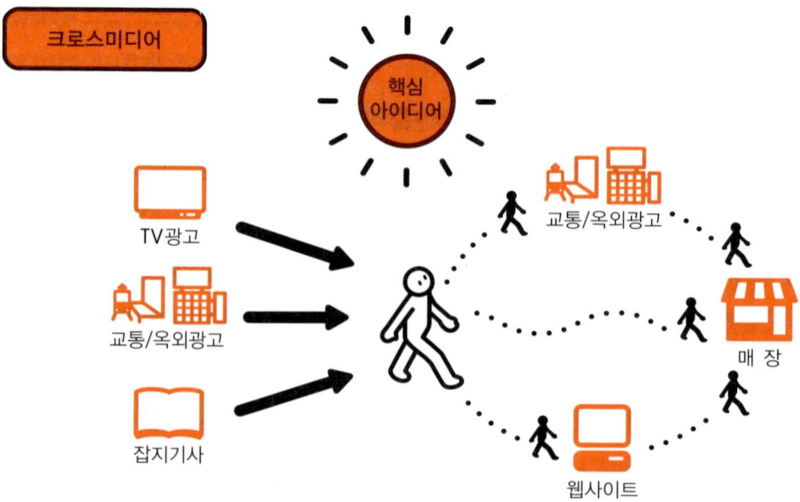

타깃을 움직이기 위한 시나리오(도선) 설계

및 잡지의 발행부수, 열독률 데이터 등을 말한다.

미디어믹스에서는 도달 효율이 주요 관점이다. 예를 들어 '30대 기혼 남성'을 타기팅(*targeting*) 한 다음, 각 미디어 접촉량을 미디어 데이터베이스와 대조하여 계산한다. 그리고 TV광고에서 일정 예산을 투입하면 30대 기혼남성의 60%에게 도달되고 예산을 추가하면 70%에게 도달된다는 식이다.

그렇다면 크로스미디어 커뮤니케이션의 경우엔 어떨까? 크로스미디어에서도 TV나 인터넷 포털 사이트 등 매스미디어를 활용해서 '넓이'를 확보하는 것이 매우 중요하다. 따라서 미디어 확산이나 도달효율을 파악할 수 있는 데이터는 여전히 필요하다.

단, 여기에다 소비자의 미디어 접촉의 '깊이'와 컨택 포인트끼리의 연결을 파악할 수 있는 데이터를 적극적으로 활용해야 한다. 즉 소비자 관점에서 모든 컨택 포인트를 찾아내서 접촉의 깊이와 연결까지도 파악할 수 있는 데이터를 활용하는 것이다. 여기에 대한 자세한 방법은 제3장의 '컨택 포인트 매니지먼트'에서 '소비자와의 접점을 찾아라' 항목에서 다시 상세히 언급하도록 하겠다.

2-3 핵심 아이디어와 시나리오 아이디어를 생각하자

크로스미디어는 '타깃을 움직이기 위한 시나리오(도선) 설계'이지만 실제로 소비자를 움직이기 위해서는 그들의 마음을 사로잡을 수 있는 '아이디어'가 중요하다.

핵심 아이디어란 '캠페인의 핵심이 될 아이디어'

사람을 매료시키는 '아이디어'는 적어도 재미있고, 참신하고, 강렬한 것이어야 한다. 그중에서도 참신함은 절대적으로 중요하다. 뛰어난 캠페인을 모방해서는 남들이 생각해 낼 수 없는 것, 완전히 새로운 것을 접했을 때의 놀라움과 감동을 줄 수 없다.

일반적으로 플래닝을 할 때 중시해야 하는

'캠페인의 핵심이 될 아이디어'

를 '핵심 아이디어'라 부른다. 이는 캠페인의 재미, 신선함, 강렬함을 간결하게 표현할 수 있는 '콘셉트'이며 동시에 '타깃을 움직이는 엔진'이다. 따라서 핵심 아이디어가 매력적인지 아닌지로 캠페인의 성공여부가 결정된다고 해도 과언이 아니다. 핵심 아이디어는 타깃 인사이트, 현재 트렌드, 경쟁 제품 및 시장 동향, 브랜드의 본질적 가치 등을 고려하여 탄생된다. 전략의 방향성, 타깃 설정, 미디어 활용법, 크리에이티브 표현 전개 등 어디에 핵심 아이디어가 숨어 있는지는 캠페인마다 다르다.

시나리오 아이디어란 '핵심 아이디어 실현을 위한 시스템에 관련된 아이디어'

다음으로 핵심 아이디어 실현을 위해서는 캠페인의 전체적 구상을 그려야 한다. 구체적으로 '타깃을 움직이는 시나리오'를 그리는 개념이다. 앞서 말했듯이 다양한 '도선'을 준비하여 소비자가 '액티브하게 브랜드

그림 2-4 핵심 아이디어는 '캠페인의 핵심이 될 아이디어'

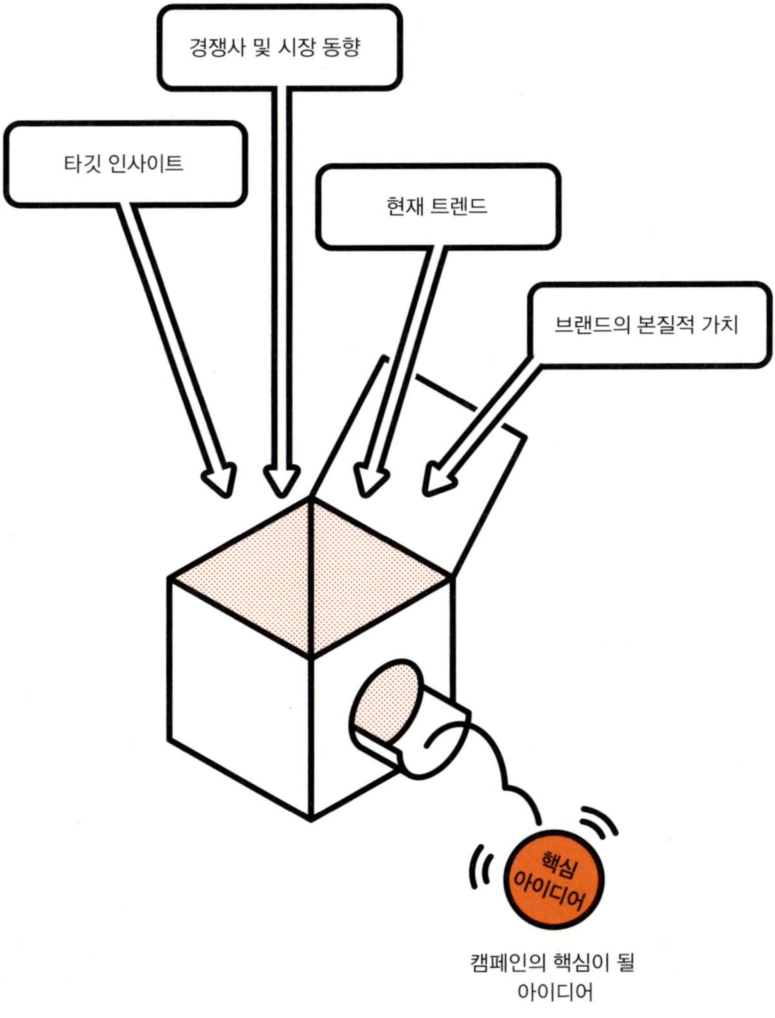

체험'을 할 수 있도록 해야 한다.

'핵심 아이디어 실현을 위한 시스템에 관련된 아이디어'

이것이 크로스미디어의 새로운 개념인 '시나리오 아이디어'이다. 시나리오 아이디어는 크게 세 가지 관점에서 검토해야 한다.

① 컨택 포인트
② 메시지
③ 심리적 접근

① 컨택 포인트

컨택 포인트란 '소비자와 브랜드를 이어주는 다양한 접점'이다. 소비자의 생활패턴에 맞춰 시간, 장소, 장면, 기분에 따라 그 상황에 맞는 메시지를 발신한다.

핵심 아이디어 실현을 위해서는 다양한 상황에 맞춰 그때마다 적절한 메시지를 발신해야 한다. 메시지는 상황에 따라 다를 수도 있고 '하나의 메시지'가 소비자에게 효과적으로 작용하는 경우도 있다.

② 메시지

메시지를 정할 때 중요한 것은 어떻게 소비자의 마음을 사로잡을 수 있을까 하는 점이다. 이를 위해서는 소비자 눈높이에 맞춘 메시지 개발이 중요하다. 메시지는 소비자와 브랜드를 밀접하게 이어 준다. 구체적으로 타깃이 평소 관심이 있거나 좋아하는 것의 연장선상에서 브랜드를

그림 2-5 시나리오 아이디어는 '핵심 아이디어 실현 시스템에 관한 아이디어'

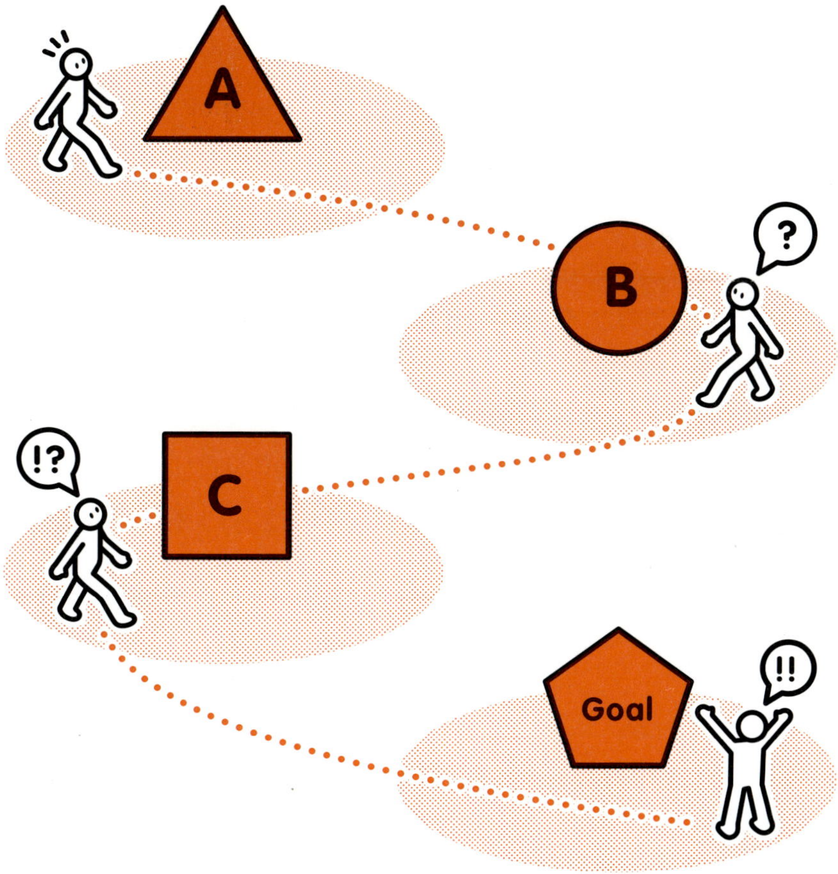

알린다.

예를 들어, '마음의 휴식, 클래식 음악 여행'이란 테마에 관심을 가진 사람들에게 클래식 음악 이야기 속에 자연스럽게 브랜드의 휴식 기능을 알려 주는 정보를 넣는 형태이다.

③ 심리적 접근

심리적 접근이란 소비자에게 다음 행동을 일으키게 만드는 '자극'을 말한다. 예를 들면 추리소설의 '미스터리'를 들 수 있다. 독자가 페이지를 넘기는 이유는 사건의 단서를 찾아 범인을 알고 싶은 동기에서 출발한다. 재미있는 소설일수록 독자들은 중간에 멈추지 못하고 마지막 페이지까지 정신없이 읽게 된다.

이를 하나의 캠페인으로 생각할 경우, '관심이 가는 정보를 숨기는' 형태를 통해서 소비자의 '알고 싶은 호기심'을 자극하고 점차 증폭시키는 도선을 설계할 수도 있다. 크로스미디어 커뮤니케이션은 실제 대부분 인간의 심층 심리욕구를 반영하여 설계되었다. 그 심리의 포인트는 타깃에 따라 다르기 때문에 타깃 특성에 맞춰 최적화해야 한다.

시나리오 설계 시 주의점

시나리오 아이디어는 '핵심 아이디어 실현을 위한 시스템에 관련된 아이디어'이다. 시나리오는 핵심 아이디어에 따라 다양한 형태로 변하지만 주의해야 할 점이 있다. 시나리오는 브랜드의 과제 해결을 위한 수단으로 아이디어를 발상해야 하는 것이지 불필요하게 소비자를 유도하는 설계를 해서는 안 된다. 소비자를 휘두르기만 하는 캠페인은 곧 질리게 마련이고 소비자도 금방 알아차리게 된다.

우리가 말하는 시나리오 설계란 소비자와 브랜드를 연결하는 '도선'을 설계하는 것이다. 이때 '도선'에서 얻게 되는 '체험'이 '소비자와 브랜드의 거리를 좁혀 주는 것'인가가 가장 중요하다.

〈점프 스퀘어〉 사례에서 2가지 아이디어를 검증한다

핵심 아이디어와 시나리오 아이디어에 대해 제1장에서 소개한 슈에이샤 〈점프 스퀘어〉 창간 캠페인을 통해 다시 살펴보겠다.

〈점프 스퀘어〉 창간 캠페인의 핵심 아이디어는 화제를 유발시키기 위한 타깃 설정에 있었다. 만화잡지 독자층을 일반층으로 확대하기 위해서 먼저 〈월간 소년점프〉 독자층=핵심층에 초점을 맞추었다. 우선적으로 정보를 전달받은 핵심층과 단편적인 정보밖에 입수할 수 없는 일반층 사이에 '정보격차 상황'을 만들어서 핵심층으로부터 일반층으로, 그리고 일반층에서 또 다른 일반층으로 입소문이 퍼지는 흐름을 만들었다.

한마디로 핵심 아이디어는

'정보격차를 의도적으로 만들어 입소문을 유발한다'

였다. 이를 구체화하는 시나리오 아이디어는 다음과 같다.

'핵심층에게 정교하고 치밀하게 설계된 비밀정보를 찾게 만들고 거기서 찾아낸 자신만이 알고 있는 정보를 입소문을 통해 확산시켜 새로운 일반층을 유인한다'

구체적으로 살펴보자. 우선 핵심층이 평소 접촉하는 컨택 포인트로서 다음을 선정하였다.

(1) 심야시간대 TV스팟

(2) 웹사이트, 휴대폰사이트

(3) 교통 미디어

'검색하지 마세요'라는 TV광고 메시지는 '여기엔 뭔가가 숨겨져 있다'는 호기심을 자극하여 웹사이트로 가는 도선을 만들었다.

웹사이트에서는 포기하지 않고 사이트 내 검색을 세 번 한 사람만이 찾아낼 수 있는 '특별한 사이트'를 마련하여, 원작자의 집필 동향을 소개하는 동영상 등 〈점프 스퀘어〉에 관한 깊이 있는 정보를 입수할 수 있게 했다. 그리고 단서를 찾은 사람만이 얻을 수 있는 보상을 준비해서 우월감을 심어 주고 '알고 보니 이런 트릭이었다'는 내용의 글을 인터넷에 올려 입소문을 퍼트리게 유도했다.

게재 예정인 만화를 제1화만 창간호 발매 이전에 먼저 읽을 수 있게 한 휴대폰사이트는 핵심층이 재빨리 접속해서 친구들에게 자랑하는 형태로 확산되었다. 이것은 친구가 또 다른 친구에게 알려 주면서 돌려 읽기 식으로 전송되었다.

교통 미디어에서는 야마노테센을 한 바퀴 돌면 완결되는 작가 릴레이 형식의 만화 포스터를 만들어 각 역마다 내리지 않으면 전부를 읽을 수 없게 했다. "○○역에서 읽었다", "전부 다 읽었다"는 화제를 일으켜 직접 찾아내게 하는 장치를 마련하였다.

완성된 시나리오 아이디어가 바로 실현되었다. 핵심층은 능동적으로 시간과 정성을 들여 숨겨진 만화 정보를 찾아내는 '기쁨을 체험'하였고, 인터넷이나 대화를 통해 '나만이 알고 있는 정보'를 다른 사람들에게 알려 주게 되었다. 일반층은 자기 혼자서는 알아낼 수 없었던 특별한 정보를 접하게 되면서 관심을 갖게 되고, 핵심층의 행동을 따라하거나 다른 일반층에게 알리는 흐름을 형성하게 되었다. 결과적으로 〈점프 스퀘어〉 창간호를 직접 사 보도록 하는 소비자의 행동을 유발할 수 있었다.

2-4 지금 바로 활용 가능한 '시나리오 아이디어'의 3가지 유형

지금까지 설명한 시나리오 아이디어를 구체적으로 살펴보겠다.

최근 수년 동안 일본과 해외에서 전개된 크로스미디어 캠페인의 다양한 사례분석을 통해 분류한 시나리오 아이디어의 대표적 유형 3가지를 소개하겠다. 이것은 컨택 포인트, 메시지, 심리적 접근을 기반으로 한 '능동적으로 여러 타입의 정보와 광고에 접하게 해서 브랜드의 충성층으로 만드는' 체험 구조다. 3가지 유형을 조합시킬 수도 있다.

1. 파워 바리에이션 시나리오(*Power Variation Scenario*):
   동종 포맷으로 바리에이션을 한다.
2. 타임라인 시나리오(*Timeline Scenario*):
   시계열로 메시지를 변화시킨다.

3. 미디어 스플릿 시나리오(*Media Split Scenario*):
　초기 관심을 유발시키고 나머지는 다른 미디어에서 전개한다.

파워 바리에이션 시나리오

파워 바리에이션 시나리오(*power variation scenario*)는 타깃의 컨택 포인트에 같은 포맷으로 구성된 정보와 광고를 여러 가지로 변형시켜 제시하여 관심을 모으는 방식이다.

포인트는 바리에이션의 양(量)으로, 같은 포맷의 복수 정보나 광고를 접했을 때 느끼는 심리를 자극한다. 즉 '이렇게 많다니, 또 어떤 게 있지?' 하며 정보나 광고를 찾고 싶어지도록 만드는 심리이다.

바리에이션은 캠페인에 따라 달라서 몇 종류로 그치는 경우부터 몇백 종류를 동시 전개하는 것도 있다. 일반적으로 그 종류가 많으면 많을수록 그 효과도 크다. 왜냐하면 바리에이션 전개방식은 '장소 및 공간'의 확대와 궁합이 잘 맞기 때문이다. 여러 도시에서 동시다발적으로 전개하거나 어느 특정 장소와 관련된 특별한 이슈를 활용한다든지 지역 특색을 강조하는 등 지역 캠페인으로서도 응용하기 좋다. 특히 포스터와 역 구내 포스터 등 옥외 미디어와 잘 어울리는 것이 큰 특징이다.

구체적 효과로는 다음 네 가지를 들 수 있다.

첫째, 탐색 욕구의 유발이다. 보통 한 가지를 보면 다른 것도 보고 싶어지게 된다. 이것은 정보 방어막에서 나오게 하는 최초의 동기부여가 될 수 있다.

둘째, 공감대 형성이다. 여러 정보와 광고 메시지를 접하게 되면 사람들은 이들을 비교하면서 자신이 공감 가는 것을 선택하게 된다. 예를 들

그림 2-6 파워 바리에이션 시나리오

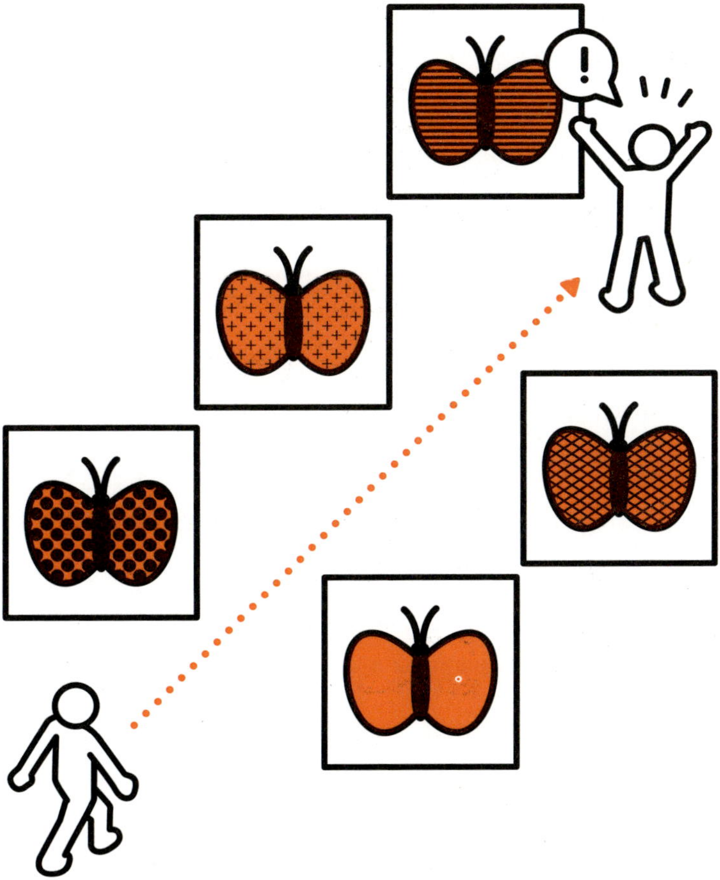

면 "이 중에서 가장 재미있는 것은~", "내가 제일 좋아하는 것은~"처럼 말이다.

셋째, 복수의 메시지 소구가 가능하다. 브랜드 특징이 많아 모두 전달하기가 쉽지 않을 경우에는 이 방법을 통해 다양한 각도에서 브랜드를 알릴 수 있다. 또한 전달하기 어려운 특징을 보완, 설명해 주는 방법으로도 전개할 수도 있다.

넷째, 바리에이션은 입소문을 유발한다. "이런 광고를 봤다", "이런 장소에서 찾았다", "또 어떤 것이 있을까?"처럼 찾는 즐거움, 찾아 낸 기쁨을 서로 공유하면서 입소문에 참여하는 사람들이 점차 늘어나게 된다.

타임라인 시나리오

타임라인 시나리오(*timeline scenario*)는 시계열로 메시지를 변화시켜 연속성을 줌으로써 관심을 모으는 방식이다. 즉, '시간'과 함께 변화하는 과정을 주목하게 만드는 방식인데, 여기에는 두 가지 패턴이 있다.

(1) 변화를 전제로 한 연속 스토리 타입
(2) 변화를 전혀 예고하지 않은 서프라이즈 타입

(1) 연속 스토리 타입은 점차 변화하는 것에 대한 '기대심리'가 핵심인데 다음과 같은 2가지 효과가 있다.
첫째, 다음 전개에 대한 기대감이 고조되면서 소비자가 직접 정보를 찾아 검색하고 탐색하는 행동을 일으키게 된다는 점이다. 둘째, '장기적으로' 열중시키는 효과가 있다. 연속 스토리 타입은 스토리가 있기 때문에

그림 2-7 타임라인 시나리오

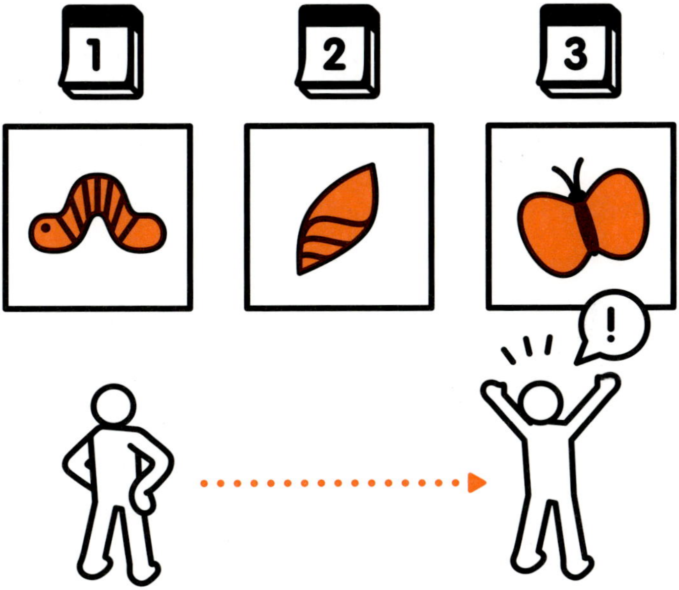

모든 스토리가 끝날 때까지 계속 관심을 보이게 된다. 특히 기획이 현재 진행형일 경우에는 실시간으로 관심과 참여의식을 제고시킬 수 있다.

(2) 변화를 전혀 예고하지 않은 서프라이즈 타입의 경우는 '놀라움' 그 자체에 설계의 주안점을 둔다. 프란츠 카프카의 작품을 인용한다면 '어느 날 아침 잠에서 깨어 보니 벌레로 변해 있었다'는 식의 충격이다. 이 기법은 평소 일상적으로 접하고 있는 미디어나 장기 노출된 미디어를 이용해서 전개되는 경우가 많다. 오늘도 변함없이 그 자리에 똑같은 정보와 광고가 있을 줄 알았는데 엄청난 일이 벌어지면서…라는 식의 갭

이 관심을 일으킨다.

이 효과를 정리하면 첫째, 예기치 않은 '임팩트'를 주어야 한다. 둘째, 의외성 있는 전개일수록 입소문을 유발한다는 점이다.

미디어 스플릿 시나리오

미디어 스플릿 시나리오(*media split scenario*)는 첫 발신 메시지로 관심을 유발한 다음 나머지는 다른 미디어에서 전개하여 소비자를 유도하는 방식이다. 하나의 정보를 의도적으로 분리 배치해서 나머지 정보에 대해서도 알고 싶게 하여 직접적인 행동을 일으키게 만드는 것이다.

최근, TV광고에서 드라마를 전개하고 '다음 스토리는 웹에서'라는 식으로 유도하는 캠페인이 늘고 있는데 이것도 일종의 미디어 스플릿 시나리오이다. 단 정보를 분리시키는 방식이 다양하며 유도하는 목적지가 꼭 인터넷만은 아니다. TV, 신문, 잡지, 라디오 등 4대 매체를 비롯하여 옥외 미디어, 이벤트 행사장 등도 포함시킴으로써 여러 가지 미디어 전개가 가능하다. 특히 미디어 스플릿 시나리오는 티저광고와 잘 맞는데, '예고'는 하고 싶지만 '정체'를 밝히고 싶지 않은 브랜드일 경우는 당일 지정된 장소에 가면 정체가 밝혀진다는 식의 방법으로 활용할 수 있다.

주요 효과로는 다음 세 가지를 들 수 있다.

첫째, 다음에 어떻게 되는지 알고 싶기 때문에 브랜드 관여도가 높아진다. 유도한 곳에 가지 않으면 다음 정보를 입수할 수 없는 불안한 상황이기 때문에 평소에는 브랜드에 주목하지 않았던 사람들도 어느새 관여도가 높아진다.

둘째, 순식간에 집중시킬 수 있다. '타임라인 시나리오'에서는 시간

그림 2-8 미디어 스플릿 시나리오

변화라는 오랜 기간을 거쳐 열중시키지만 이와는 대조적으로 미디어 스플릿 시나리오는 욕구불만의 해소 욕구가 선행하므로 단기간에 높은 관심을 유발시킬 수 있다.

셋째, 행동에 관한 입소문을 유발할 수 있다. 행동한 사람만이 정보를 손에 넣을 수 있는 희소성, 남보다 먼저 입수하고 싶은 선점가치가 남에게 말하고 싶은 욕구로 이어진다.

제3장
이것만큼은 지키자!
'시나리오 설계'의 4가지 원칙

크로스미디어 커뮤니케이션을 실천할 때 알아 두면 편리한 기본 프레임이 있다.

여기서는 '시나리오 설계'를 구체적으로 실행할 때 지켜야 할 4가지 원칙을 소개하겠다.

1. 'AISAS' 발상은 구매로 이어지고 관여도를 제고시키는 흐름을 형성한다. 2. '컨택 포인트 매니지먼트' 발상은 타깃의 마음을 사로잡는 최적의 순간을 포착할 수 있다. 3. '심리욕구'를 자극하면 타깃은 다음 행동을 일으킨다. 4. '가로T모델'을 활용하면 시나리오 전체를 시각화하고 확인할 때 도움이 된다.

3-1 'AISAS' 관점에서 발상하라

우리들을 둘러싼 정보환경은 크게 변화하였고, 이에 따른 소비 행동도 많이 변하였다. 크로스미디어 커뮤니케이션의 시나리오를 설계할 때에는 'AISAS' 소비행동 모델을 이해하고 이를 전제로 플래닝하는 것이 중요하다.

'AIDMA'에서 'AISAS'로

소비자가 상품 정보와 광고를 접한 후 구매에 이르기까지 어떤 과정을 거치게 될까? 소비행동을 설명하는 모델은 여러 가지가 있지만 그중에서도 'AIDMA'가 유명하다. 이 모델에 따르면 소비자는 상품이나 서비스, 광고를 접한 후 구매에 이르기까지 다음과 같은 단계를 거친다.

Attention (주목)
Interest (흥미)
Desire (욕구)
Memory (기억)
Action (구매행동)

'AIDMA'는 1920년 무렵 미국의 경제학자 롤랜드 홀(Roland Hall) 박사가 제창하였으며 현재도 널리 활용되고 있는 모델이다.

그림 3-1 AIDMA와 AISAS

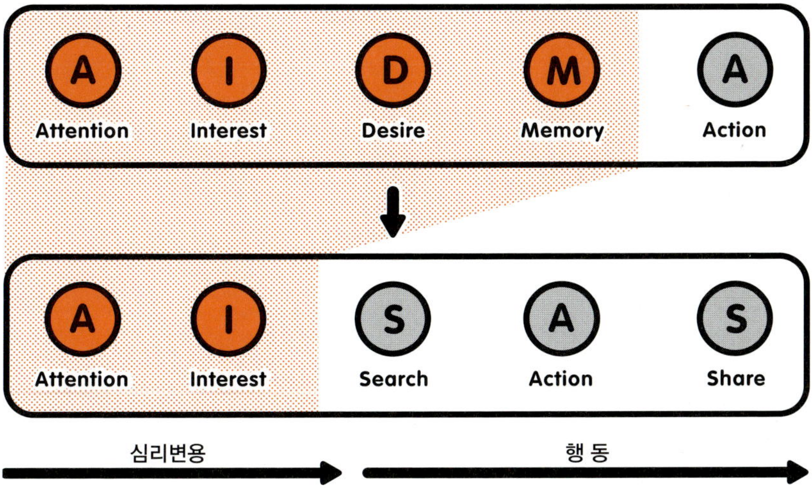

그러나 인터넷이 보급되고 누구나 손쉽게 정보를 접할 수 있는 이 시대에서는 상품이나 서비스, 광고에 주목한 소비자가 원하는 정보를 직접 찾아보거나 자신이 찾은 정보를 발신해 다른 사람들과 공유하는 '능동적 정보 접촉'이 매우 활발하게 이루어지고 있다. 즉 기업(발신자)이 소비자(수신자)에게 정보를 전달하는 흐름 외에 소비자가 직접 정보를 수집(*search*)하고 공유(*share*)하는 두 가지 특징적 행동이 구매를 결정하는 요인으로서 중요해졌다.

이러한 변화에 따라 덴츠는 새로운 소비행동모델로서 'AISAS'[1]를 제

1. 2004년부터 덴츠가 제창, 2005년에 일본에서 상표등록(35류 광고영역) 취득. 한국에서는 2009년 상표등록(35류 광고영역) 취득. AISAS®

창했다. 'AIDMA'와 비교하면 이 모델은 '심리변용'의 프로세스(A · I · D · M)가 축소되고 '행동'에 상당하는 프로세스가 확대(*Search* · *Action* · *Share*)되었다.

Attention (주목)
Interest (흥미)
Search (정보수집)
Action (구매행동)
Share (정보공유)

구체적으로는 다음 프로세스와 같다. 상품과 서비스, 광고에 주목하고(*Attention*) 흥미를 가진(*Interest*) 소비자는 자신이 알고 싶은 정보에 대해 다른 사람들이 글을 올린 블로그나 상품 비교 사이트, 기업의 공식 사이트, 실제로 이용한 가족이나 친구, 지인들로부터 정보를 수집한다(*Search*). 체험자나 구매자의 의견과 사용후기 등을 참고하면서 기업이 발신하는 정보와 함께 종합적으로 판단하여 구매행동을 한다(*Action*). 구매 후에는 자신의 사용후기를 인터넷에 올리거나 다른 사람에게 말하면서 스스로 입소문의 발신자가 된다(*Share*).

AISAS로 시나리오를 설계한다

주의해야 할 점은 'AIDMA'는 A→I→D→M→A 순으로 하나씩 단계를 거치는 모델인 데 반해 'AISAS'는 꼭 단계적으로 진행되지 않는 경우도 있다.

그림 3-2 A·I·S·A·S의 프로세스

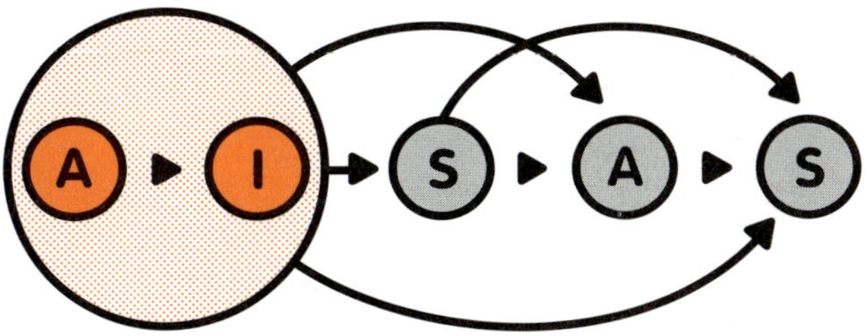

예를 들어 CF를 보고 상품이 마음에 들어 그대로 매장에 가서 구매하는 행동을 한다든지(*Attention→Interest→Action*), 광고모델에 관심이 생겨 바로 인터넷에 글을 올리는(*Attention→Interest→Share*) 것처럼 때로는 어느 단계를 뛰어넘어 전개되는 경우도 있다.

이와 같이 'AISAS'는 이 시대 소비자들의 다양한 행동을 가정한 포괄적 모델이며 현실적 모델이다.

그럼 이 모델을 전제로 현재의 소비행동을 바라볼 때 크로스미디어 커뮤니케이션의 시나리오 설계 시 필요한 것은 무엇일까?

바로 A · I · S · A · S의 각 프로세스마다 '소비자의 마음을 사로잡는 시스템'을 '전략적'으로 설계하는 것이다. 예를 들면 A · I를 기점으로 기업 캠페인 사이트로 유도하는 시스템을 만들어 Search를 유발한다. 그리고 웹사이트에서는 다양한 브랜드 체험을 할 수 있게 하여 브랜드에 공감을 느끼고 매장을 찾아가게 만든다. 매장에서는 단순한 구매촉진뿐 아니라 소비자 스스로 브랜드에 관심을 갖고, 놀고, 즐기고, 다시 사고 싶어지게 만드는 등 그 매장 공간에서만 가능한 브랜드 체험을 하게 만든다. 또한 Share에서는 소비자가 가볍게 글을 올릴 수 있는 커뮤니티 사이트를 만들어 입소문을 활성화시키는 설계도 한다.

이러한 '소비자의 마음을 사로잡는 구조'를 설계하면 다음과 같은 효과를 기대할 수 있다.

(1) 확실한 '구매'로 연결

(2) 소비자와 '연대감'(*engagement*)을 구축

'AISAS'의 유의점 ①
어느 카테고리에서도 Search·Share가 구매로 이어지기 쉽다

상품 카테고리를 불문하고 Search(정보수집), Share(정보공유) 프로세스를 거치면 구매로 이어지기 쉽다.

자체적으로 실시한 '크로스미디어 행동조사' 결과에 따르면 구매자가 상품정보를 수집한 비율은 자동차 72.0%, 휴대전화(단말기) 70.6%, 벽걸이TV 57.6%, 영화관에서 보는 영화 66.0%, 화장품 53.5%, 과자·디저트 33.9% 순이었다. 상품 카테고리에 따라 다르지만 구매자는 대체적으로 사전에 정보수집을 하고 있다는 것을 알 수 있다.

또한 상품구매비율에서 자동차(6.3배)에서 과자·디저트(1.4배)까지 모든 카테고리에서 '정보수집자'는 '정보비수집자'보다 상품구매율이 높게 나타났다.

다음으로 Share(정보공유)행동과 상품구매의 관계이다. 마찬가지로 '정보공유자'와 '정보비공유자'의 상품구매비율을 비교하면 자동차 3

그림 3-3 상품 카테고리별 검색율

(단위: %)

	정보수집율* (구매자 기준)	기 간
자동차	72.0	최근 1년간
휴대폰(단말기)	70.6	최근 1년간
벽걸이TV	57.6	최근 1년간
영화관에서 보는 영화	66.0	최근 6개월간
화장품	53.5	최근 6개월간
과자/디저트	33.9	최근 6개월간

* 각각에 대해 인터넷, 잡지/전단지, 매장 중 한 군데에서 일정기간 내에 '정보수집'을 한 사람의 비율

배에서 과자 및 디저트 1.6배까지 차이는 있지만 역시 여기서도 모든 카테고리에서 '정보공유자'는 '정보비공유자'보다 상품구매율이 높게 나타났다.

물론 상품 카테고리에 따라 Search · Share하기 쉽다/어렵다는 차이는 있지만 카테고리에 필요한 특성을 잘 파악한다면 Search · Share를 충분히 유발시킬 수 있다.

예를 들어 자동차나 디지털 카메라의 Search · Share는 주로 상품 기능 및 사양에 대한 정보의 수집과 공유가 중심이 된다. 반면 식품과 음료 같은 경우 상품정보 그 자체보다도 그 상품이나 TV광고, 캠페인의 소재나 실제 먹어 본 소감을 블로그 등에 올리거나 읽거나 하는 행동이 주가 되고 있다.

그림 3-4 상품 카테고리별 Search와 상품구매율 관계

(단위: %)

	정보수집자의 상품구매율	정보비수집자 상품구매율	정보수집자/정보비수집자* 상품구매율 비율	기 간
자동차	21.9	3.5	6.3배	최근 1년간
휴대폰(단말기)	47.3	13.2	3.6배	최근 1년간
벽걸이TV	29.0	10.8	2.7배	최근 1년간
영화관에서 보는 영화	68.7	22.2	3.0배	최근 6개월간
화장품	81.4	21.9	3.7배	최근 6개월간
과자/디저트	86.4	61.4	1.4배	최근 6개월간

* 각각에 대해 일정기간 내(정보수집한 사람 중 상품구매한 사람의 비율)/(정보수집하지 않은 사람 중 상품구매한 사람의 비율)

이러한 카테고리 특성을 고려하여 Search · Share를 촉진함으로써 구매로 연결시키는 커뮤니케이션 설계가 시나리오 설계에서 중요하다.

'AISAS'의 유의점 ②
실생활의 Search · Share 행동도 중요하다

AISAS는 원래 인터넷과 휴대폰 등 인터랙티브 미디어의 등장을 전제로 구축된 모델이며 Search(정보수집), Share(정보공유)라 하면 인터넷과 휴대폰을 연상하게 된다. 그러나 여기서 강조하고 싶은 것은 가족이나 친구, 지인들로부터 상품에 관한 정보를 듣거나 상품의 사용소감을 말해 주거나 하는 실생활의 Search · Share 행동도 중요하다는 점이다.

그림 3-5 상품 카테고리별 Share와 상품구매율

(단위: %)

	정보공유자*의 상품구매율	정보비공유자의 상품구매율	정보공유자/정보비공유자 상품구매율 비율**	기 간
자동차	20.7	6.9	3.0배	최근 1년간
휴대폰(단말기)	51.0	25.0	2.0배	최근 1년간
벽걸이TV	32.0	13.8	2.3배	최근 1년간
영화관에서 보는 영화	75.1	27.9	2.7배	최근 6개월간
화장품	81.8	28.1	2.9배	최근 6개월간
과자/디저트	94.1	60.3	1.6배	최근 6개월간

* 각각에 대해 '인터넷에 글을 올렸다' 또는 '남들에게 얘기했다'로 일정기간 내(비고 참조)에 '정보공유'한 사람

** 각각에 대해 일정기간 내 (정보공유한 사람 중 상품구매한 사람의 비율)/(정보공유하지 않은 사람 중 상품구매한 사람의 비율)

'크로스미디어 행동조사' 결과에서도 알 수 있듯이 대부분의 카테고리에서 Search는 잡지와 전단지, 매장 등 실생활에서의 정보수집이 높은 비율을 차지하고 있다. Share에서는 이 경향이 더욱 두드러져 모든 카테고리에서 '남에게 얘기했다'가 '인터넷에 글을 올렸다'보다 많았다.

시나리오 설계 시에는 기업의 웹사이트, 캠페인 사이트, CGM[2]을 비롯하여 쇼룸이나 전시회, 배포물, 판촉물 등도 적극적으로 활용해서 소비자의 Search 행동을 유발할 수 있다. Share에서는 가정, 학교, 직장, 커뮤니티 등에서 화제가 될 만한 시스템과 입소문 확산 시스템 등도 검

2. Consumer Generated Media의 약자. 소비자 스스로 발신하는 미디어. 블로그, SNS(*Social Networking Service*), 상품비교 사이트, 동영상 투고 사이트 등을 들 수 있다.

그림 3-6 AISAS 프로세스에서 WOM 발생

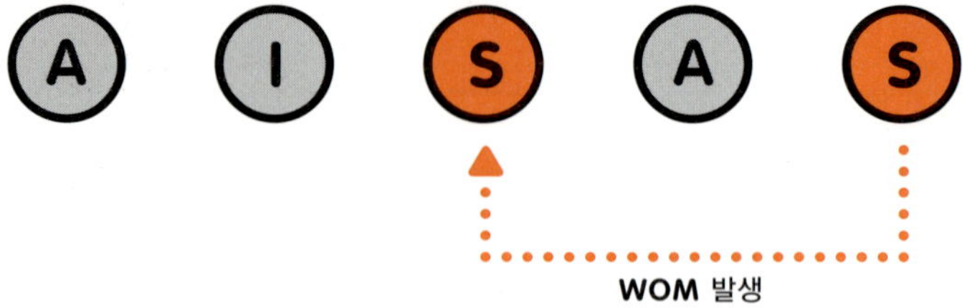

토해야 한다.

중요한 점은 인터넷이냐 실생활이냐가 아니라 해당 브랜드 혹은 카테고리에서 Search · Share를 일으키기 쉬운 '컨택 포인트'를 찾아내서 최적의 조합을 선택해야 한다는 점이다.

AISAS의 유의점 ③
WOM을 염두에 두면서 타깃 설정과 Share(정보공유) 설계를 한다

인터넷에 글을 올리거나 확산되어 Share(정보공유)된 것을 다른 사람이 또 Search(정보수집)한다. 이렇게 AISAS 프로세스에서 2개의 'S' 간에 순환이 일어날 때 그곳에서는 WOM이 발생한다.

WOM이란 Word of Mouth의 약자로 입소문이라는 뜻이다. 자연발생적으로 일어나는 것과 일부러 유도해서 일으키는 것이 있다. 후자를 WOM 마케팅이라 한다.

최근 WOM의 영향력이 점차 커지고 있다. 동영상 사이트에 올린 동영상이 인기를 끌고, 블로그에 올린 내용이 회자되고, 거리에서 본 광고가 학교에서 화제가 되고, TV광고에 나온 소녀가 주목받는다.

WOM 확산을 통해 대규모 매출을 달성한 브랜드도 많다. 정보의 전달속도가 예전과는 비교가 안 될 정도로 빨라지고 Share를 통해 순식간에 전파되기 때문이다.

이러한 상황에서는 의도적으로 WOM을 일으키기 위해 상품관여도가 높고 정보발신력이 강한 사람, 즉 다수의 사람에게 영향을 미칠 수 있는 '인플루엔서'(*influencer*)를 전략 타깃으로 삼는 관점도 중요하다.

해당 브랜드에서 어떤 층이 인플루엔서가 될 수 있을까?
어떤 정보를 어떻게 전달하고 확산시킬 것인가?

이는 '타깃 설정'과 동시에 'Share 행동의 전략적 설계'이기도 하다.

3-2 '컨택 포인트 매니지먼트'로 소비자와의 접점을 찾아라

미디어 환경의 변화와 AISAS형 구매행동에 따라 소비자와 브랜드를 이어 주는 컨택 포인트가 다양화되고 있다.

크로스미디어의 시나리오 설계를 위해서는 소비자에게 효과적인 컨택 포인트를 찾아내서 이들을 효과적으로 활용하고 관리하는 '컨택 포인트 매니지먼트'[3]의 발상이 중요하다.

컨택 포인트란 무엇인가?

소비자는 상품과 서비스에 관한 정보를 매우 다양한 경로를 통해 입수한다. 그중에는 통상 우리들이 미디어로 여기지 않는 상품 그 자체나 매장, PC와 휴대폰, 이벤트, 가족과 친구 등도 포함된다. 이러한 소비자와 브랜드를 연결하는 다양한 접점을 '컨택 포인트'라 한다.

소비자와 브랜드를 이어 주는 컨택 포인트는 일반적으로 다음과 같다.

- 상품 그 자체
- 광고(TV나 라디오 광고, 신문과 잡지 광고, 교통광고 등)
- 프로그램, 기사(TV, 라디오 등의 프로그램, 신문과 잡지 등의 기사)
- 매장(매장 앞 포스터와 매장 내 진열, 캠페인 상품 등의 판촉물)
- 이벤트(스포츠나 음악 이벤트의 개최와 협찬, 가두 행사 등)
- PC 및 휴대폰(기업 홈페이지 및 PC와 휴대폰을 통한 광고)
- 입소문(친구와 지인, 가족과의 대화 및 메일 등)

또한 최근에는 다음과 같은 것도 주목받고 있다.

- 블로그와 SNS(*Social Network Service*), 상품비교사이트 등 소비자가 정보를 발신하는 CGM

3. 2001년부터 덴츠가 제창. 2004년에 일본에서 상표등록(35류 광고영역) 취득. 한국에서는 2005년 상표등록(35류 광고영역) 취득. ContactPoint Management®

그림 3-7 컨택 포인트란?

• 영화나 TV드라마 작품을 통한 제품 노출(*PPL: Product Placement*) 등

기존에 간과된 컨택 포인트를 포함하여 소비자는 다양한 컨택 포인트 경험을 총체적으로 판단해서 상품의 구매 결정과 브랜드 이미지를 형성하게 된다. 따라서 활용 가능한 컨택 포인트의 발견과 그 취사선택은 이제 크로스미디어 커뮤니케이션의 기본단계로 자리 잡았다.

크로스미디어의 시나리오 설계를 위해서는 미디어 중립적인 관점에서 커뮤니케이션의 핵심을 전달할 수 있는 컨택 포인트를 발견해야 한다.

또한 기존의 컨택 포인트뿐 아니라 브랜드의 과제해결을 위해 완전히 새로운 컨택 포인트를 개발하는 것도 필요하다.

예를 들면 제1장의 사례 소개에서 등장한 〈점프 스퀘어〉의 경우 타깃의 생활패턴, 미디어 접촉량, 시간대별 분석을 통해 심야 시간대의 TV 광고, 교통광고, PC나 휴대폰 등의 인터랙티브 미디어를 핵심적 컨택 포인트로 설정하였다.

한편, 타깃이 등하교 때 지하철과 버스에서 만화를 읽는다는 분석 결과에 따라, 새로운 컨택 포인트로서 만화잡지 그 자체를 활용할 수 있을지를 검토했다. 그 결과 '〈주간 소년점프〉에서 〈주간 소년점프〉 만화작가들의 일러스트를 이용한 〈점프 스퀘어〉 광고'라는 독특한 방식을 전개하였다.

다섯 종류의 컨택 포인트를 확보하자

컨택 포인트에 대해 조금 더 구조적으로 생각해 보자. 타깃인 소비자를

그림 3-8 컨택 포인트의 구조

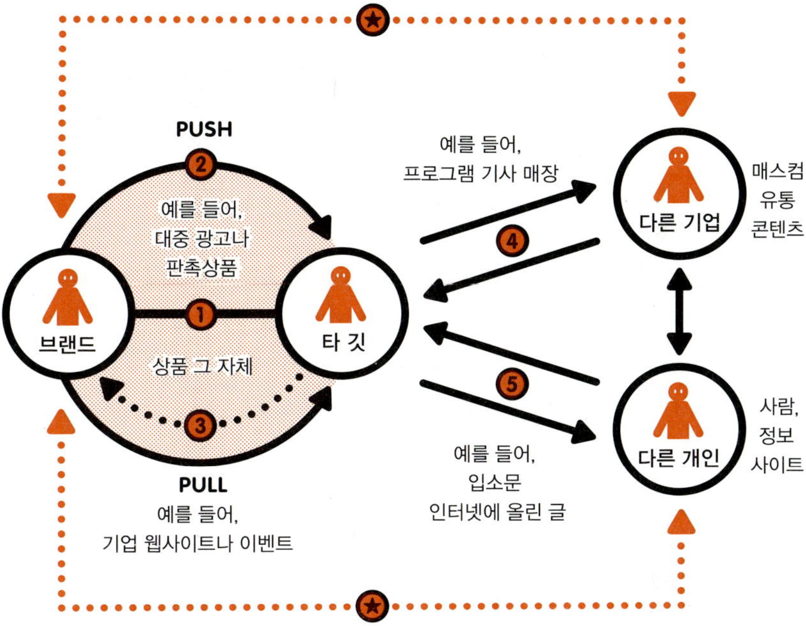

① 브랜드 자체가 원래 갖고 있는 접점
② 브랜드 자신이 타깃을 향해서 만들어 내는 접점
③ 타깃이 직접 브랜드에 능동적으로 관여하는 접점
④ 타깃이 별개의 기업을 통해 브랜드를 알게 되는 접점
⑤ 타깃이 별개의 개인을 통해 브랜드를 알게 되는 접점
★ 브랜드가 별개의 기업이나 개인과 관계를 구축하는 활동

중심으로 브랜드와의 관계를 생각할 때 크게 다섯 종류의 컨택 포인트가 있다.

첫 번째는 상품 그 자체이다. 브랜드가 존재하는 이상 반드시 있는 컨택 포인트다. 단 상품 그 자체를 컨택 포인트로 삼을 경우, 구매시점뿐 아니라 실제로 그 상품을 사용한 경험까지 포함해서 고려해야 한다.

두 번째는 대중광고와 판촉상품 등 브랜드가 소비자를 향해서 만들어 낸 컨택 포인트다. 소비자에게 전달하고자 하는 메시지를 직접적으로 알릴 수 있다는 것이 특징이다.

세 번째는 기업의 웹사이트와 자사 브랜드에서 기획한 이벤트 등 타깃의 브랜드에 대한 능동적 관여가 전제가 되는 컨택 포인트이다. 이런 종류의 컨택 포인트는 소비자를 스스로 능동적으로 관여하게 만드는 계기와 실제 관여한 소비자의 만족도가 중요하다.

네 번째는 TV프로그램이나 기사, 매장 진열 등 상품판매 기업이 아닌 다른 기업의 활동을 통해서 소비자가 브랜드를 알게 되는 컨택 포인트이다.

그리고 다섯 번째는 친구와 가족의 입소문이나 인터넷에 올린 글 등 소비자가 다른 사람을 통해 브랜드를 알게 되는 컨택 포인트이다.

네 번째와 다섯 번째의 컨택 포인트에 대해서는 소비자가 받아들이는 정보나 메시지에 브랜드가 직접 관여할 수는 없다. 따라서 브랜드는 많은 타깃에게 더욱 긍정적인 정보를 전달할 수 있도록 이들 컨택 포인트를 만들고 있는 매스컴과 유통업체, 사람들과 좋은 관계를 구축해야 한다.

컨택 포인트 관점에서 시나리오를 설계한다

그럼 효과적인 컨택 포인트를 발견하여 크로스미디어 커뮤니케이션의 시나리오 설계를 하기 위해서는 어떻게 하면 좋을까? 이때 효과적으로 활용 가능한 기법이 덴츠가 2001년부터 지속적으로 제창하고 있는 '컨택 포인트 매니지먼트' 방법이다.

'컨택 포인트 매니지먼트'를 한마디로 요약하자면 다음과 같다.

> 소비자와 브랜드를 연결하는 다양한 접점에 착안한
> 크로스미디어 커뮤니케이션 설계의 방법론

다양한 컨택 포인트 중에서 최적의 조합을 찾아 결합시킴으로써 효과적인 크로스미디어 커뮤니케이션을 설계할 수 있다.

컨택 포인트 매니지먼트로 시나리오를 설계할 때에는 크게 나누어 다음과 같은 세 단계를 거친다.

① 가능성 있는 컨택 포인트를 모두 찾아낸다

소비자가 브랜드와 접하게 되는 컨택 포인트는 상상 외로 많다. 기업이 직접 관여한 컨택 포인트인지 아닌지를 불문하고 소비자 일상생활 속에서 모든 컨택 포인트를 찾아내는 것이 첫 단계이다.

② 커뮤니케이션 목표에 맞는 효과적 컨택 포인트를 선택한다

다음은 찾아 낸 모든 컨택 포인트 중에서 효과가 큰 컨택 포인트를 취사선택한다. 물론 각 컨택 포인트의 효과는 타깃에 따라 다르게 나타난다.

그림 3-9 목표에 맞는 컨택 포인트를 취사선택한다

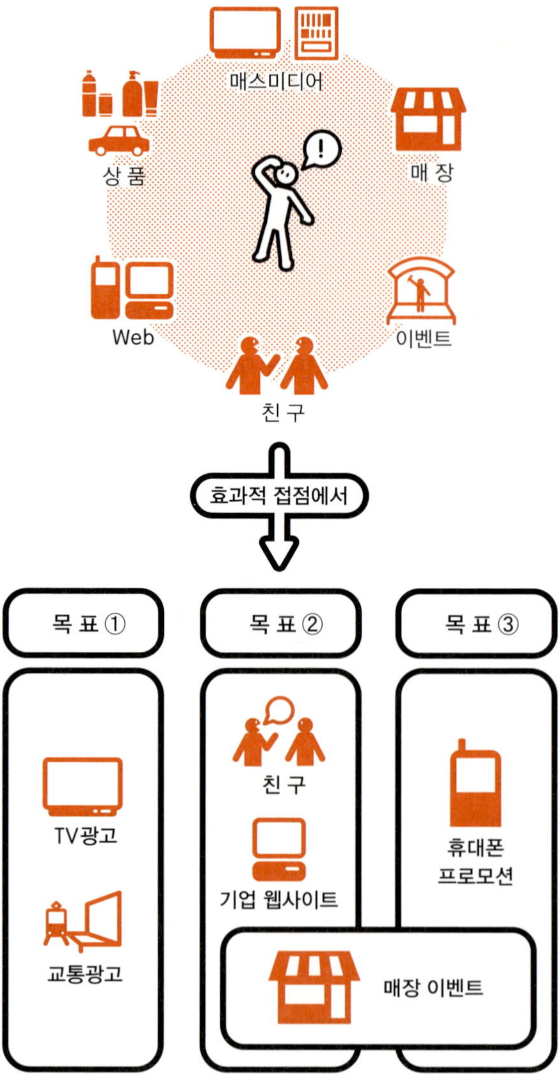

크로스미디어 커뮤니케이션의 구조를 세운다

또한 주목해야 할 점은 브랜드가 소비자에게 전하고 싶은 이미지나 행동 등 그 목표에 따라 효과적인 컨택 포인트가 달라진다는 점이다.

예를 들어 신제품 맥주를 소비자에게 알리고 시범적으로 구매해 줄 것을 목표로 삼았다면 TV광고가 가장 적합하다. 그리고 일단 선택 받기 위해서는 경품제공이 효과적이다. 한편 20년 이상 판매하고 있는 롱 셀러 맥주 브랜드는 브랜드에 신선함과 활력을 주고 앞으로도 계속 선택받는 것을 목표로 할 것이다. 이 경우에는 브랜드에 신선함과 활력을 주기 위해서는 교통광고나 매장의 대량 진열이 효과적이고, 계속 선택받기 위해서는 TV광고의 효과가 크다는 등의 분석을 한다.

매우 단순한 예를 들었지만 브랜드의 현황 및 과제를 통해 타깃에게 어떤 이미지를 주고 싶고 어떤 행동을 유발하고 싶은지 그 목표를 확실하게 설정한다. 그리고 그 목표에 효과적인 컨택 포인트를 조합시킨다. 이렇게 하면 효과적 컨택 포인트와 그렇지 않은 컨택 포인트를 잘 판단해서 커뮤니케이션의 낭비를 줄일 수 있다.

③ 컨택 타이밍을 시간, 장소, 장면, 기분 등을 기준으로 찾는다

활용 가능한 컨택 포인트의 취사선택과 마찬가지로 소비자와 브랜드가 컨택하는 효과적인 타이밍을 발견하는 것이 또 하나의 중요한 단계이다.

카테고리와 브랜드에 대한 소비자의 관심이 고조되는 타이밍에서 그 브랜드의 정보나 광고에 접하게 하면 전하고자 하는 메시지를 더욱 깊숙이 침투시킬 수 있다. 관심이 고조되는 타이밍을 알기 위해서는 시간, 장소, 장면, 기분이라는 관점에서 생각하면 발상하기 쉽다.

예를 들어 동일한 햄버거 정보나 광고를 접할 경우에도 점심식사 전인 11시쯤 “슬슬 배가 고프네~”할 때와 점심 식사 후 오후 1시경에 “아

그림 3-10 컨택 포인트의 질에 관한 네 가지 관점

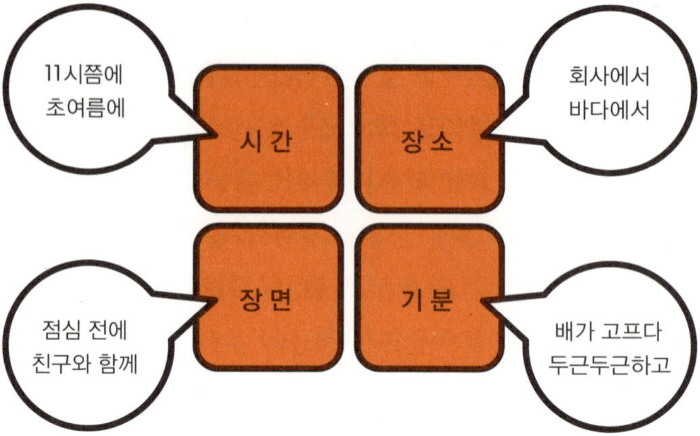

~ 배부르다~"할 때를 비교해 보면 메시지의 수용자세나 효과가 다를 수밖에 없다.

이는 타인과 커뮤니케이션 할 때 타이밍을 고려하는 것과 같은 맥락이다. 예를 들어 대낮에 번화가에서 사람들은 많고 상대방은 짜증 난 상태인데 프러포즈하는 사람은 거의 없을 것이다. 역시 프러포즈는 주말 저녁에 파도소리만 귓가를 맴도는 고요한 해변가에서 해야 프러포즈 하는 쪽의 메시지도 잘 전달되고 상대방의 기분도 고조될 것이다.

브랜드 메시지가 가장 효과적으로 타깃의 마음에 와 닿고 '적극적으로 관여하고 싶어지는' 시간, 장소, 장면, 기분은 언제일까? 이를 플래닝 관점에서 바라보면서 컨택 포인트를 활용하면 커뮤니케이션 효과와 그 속도를 더욱 증대시킬 수 있다.

평가와 관리를 통해 다음 성공으로 이어간다

컨택 포인트 매니지먼트에 의한 시나리오 설계의 마지막 단계로서 성과 평가와 관리에 대해 생각해 보자.

활용 가능한 컨택 포인트와 효과적 타이밍을 발견하고 다양한 컨택 포인트를 활용한 크로스미디어를 전개했다고 해도 모두가 원하는 효과를 거둘 수는 없다. 컨택 포인트를 활용할 때에는 플래닝과 함께 어떤 점이 성공하고 어떤 점이 실패했는지를 판단하여 커뮤니케이션 이후의 효과에 대한 검증을 실시해야 한다.

다양한 형태로 성과평가를 실시하여 브랜드 차원에서 중요시해야 할 효과적 컨택 포인트와 조합방법에 대한 지혜와 경험이 축적되면 크로스미디어 커뮤니케이션 방법도 진화된다. 컨택 포인트 매니지먼트는 단 한 번의 크로스미디어 커뮤니케이션 활용에 그치지 않고 더 효과적이고 효율적 커뮤니케이션을 위한 지속적 프로세스다.

AISAS × 컨택 포인트 매니지먼트

지금까지 크로스미디어 커뮤니케이션의 기본적인 두 가지 개념, 'AISAS'와 '컨택 포인트 매니지먼트'를 소개하였다. 실은 이 두 가지 개념은 궁합이 잘 맞는다.

소비자의 구매행동을 AISAS로 분석하고 AISAS형 구매행동을 보이는 소비자와 브랜드 사이를 이어주는 효과적인 컨택 포인트를 컨택 포인트 매니지먼트를 통해 발견해서 관리한다. 이런 발상으로 크로스미디어 커뮤니케이션의 구조설계를 쉽게 할 수 있다.

그림 3-11 크로스미디어 커뮤니케이션 구조설계 시의 기본 발상

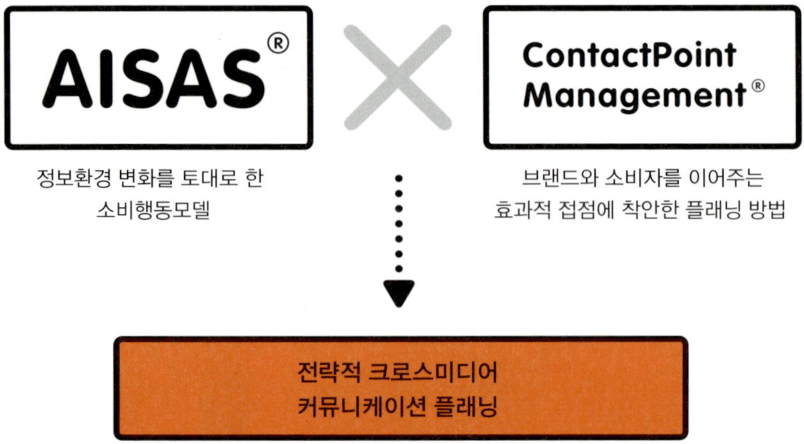

소비자의 AISAS 행동에 맞는 컨택 포인트의 일반적 관계는 그림 3-12와 같다. 타깃의 AISAS 지표 중 어디에 중점을 둘 것인지, 그 지표 향상을 위해 어떤 컨택 포인트 활용이 효과적인지, 이 두 가지를 명확히 한다. 그리고 브랜드에 큰 효과를 가져다 줄 최적의 컨택 포인트 결합을 통해 크로스미디어 커뮤니케이션의 구조 설계가 가능하다.

실제로 플래닝 할 때에는 소비자의 AISAS 행동과 효과적인 컨택 포인트는 카테고리나 타깃, 중시하는 커뮤니케이션 목표에 따라 다르다는 점에 유의하면서 소비자조사 등을 실시하여 상세하게 파악할 필요가 있다.

AISAS×컨택 포인트 매니지먼트에 입각한 구체적인 크로스미디어 커뮤니케이션의 사례를 소개하겠다.

바로 소비량이 감소추세에 있는 우유의 소비증대, 존재감 회복을 목

그림 3-12 AISAS × 컨택 포인트 매니지먼트에 의한 캠페인 설계 방법

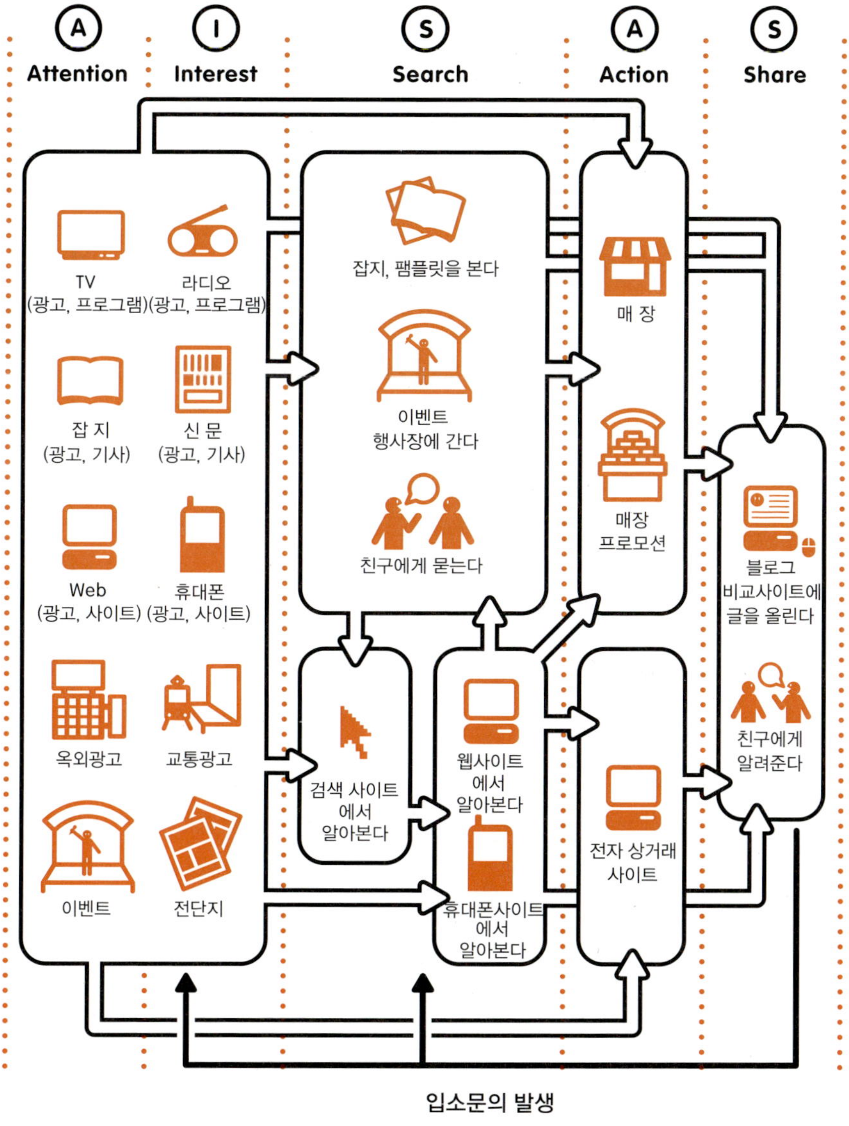

그림 3-13 중앙낙농회의 〈우유와 상담하자〉 사례

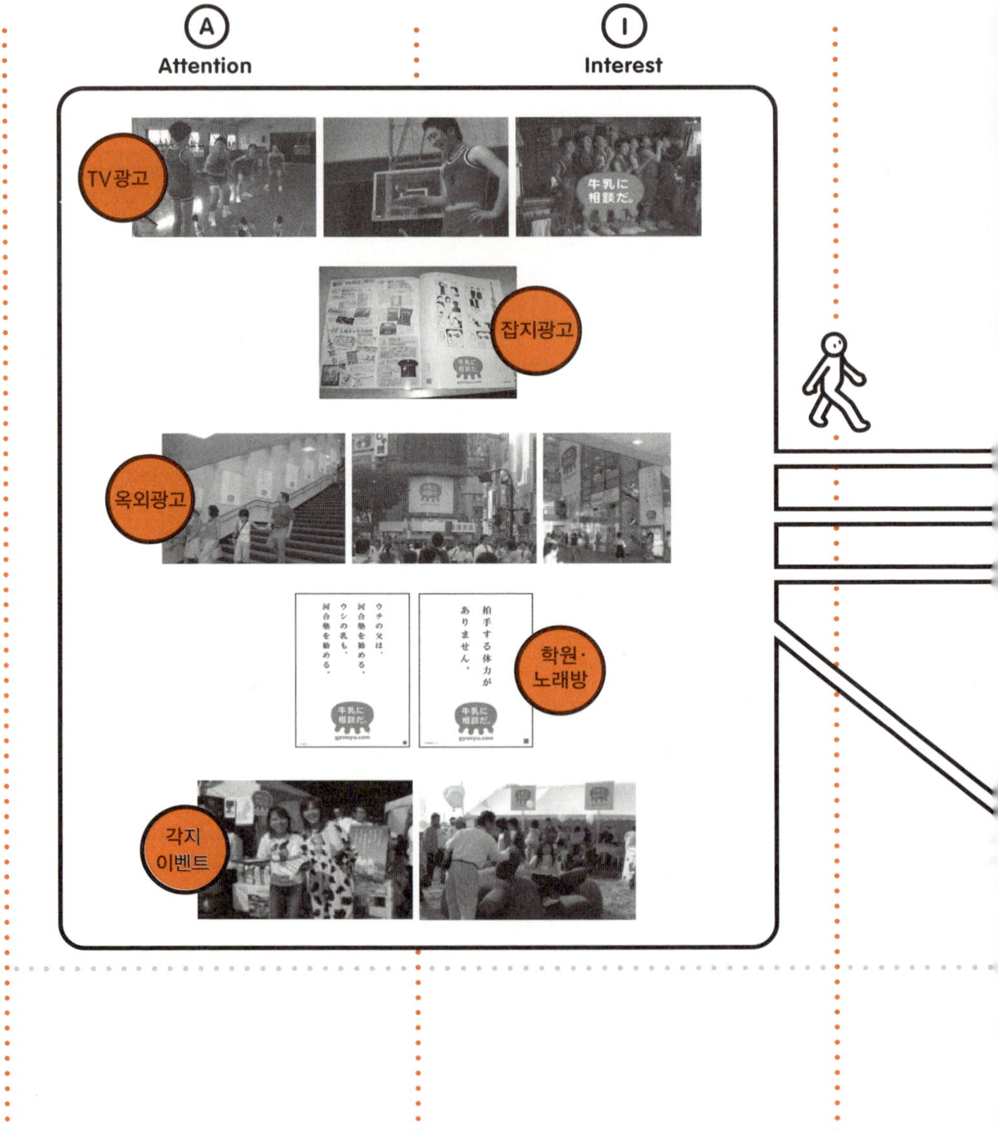

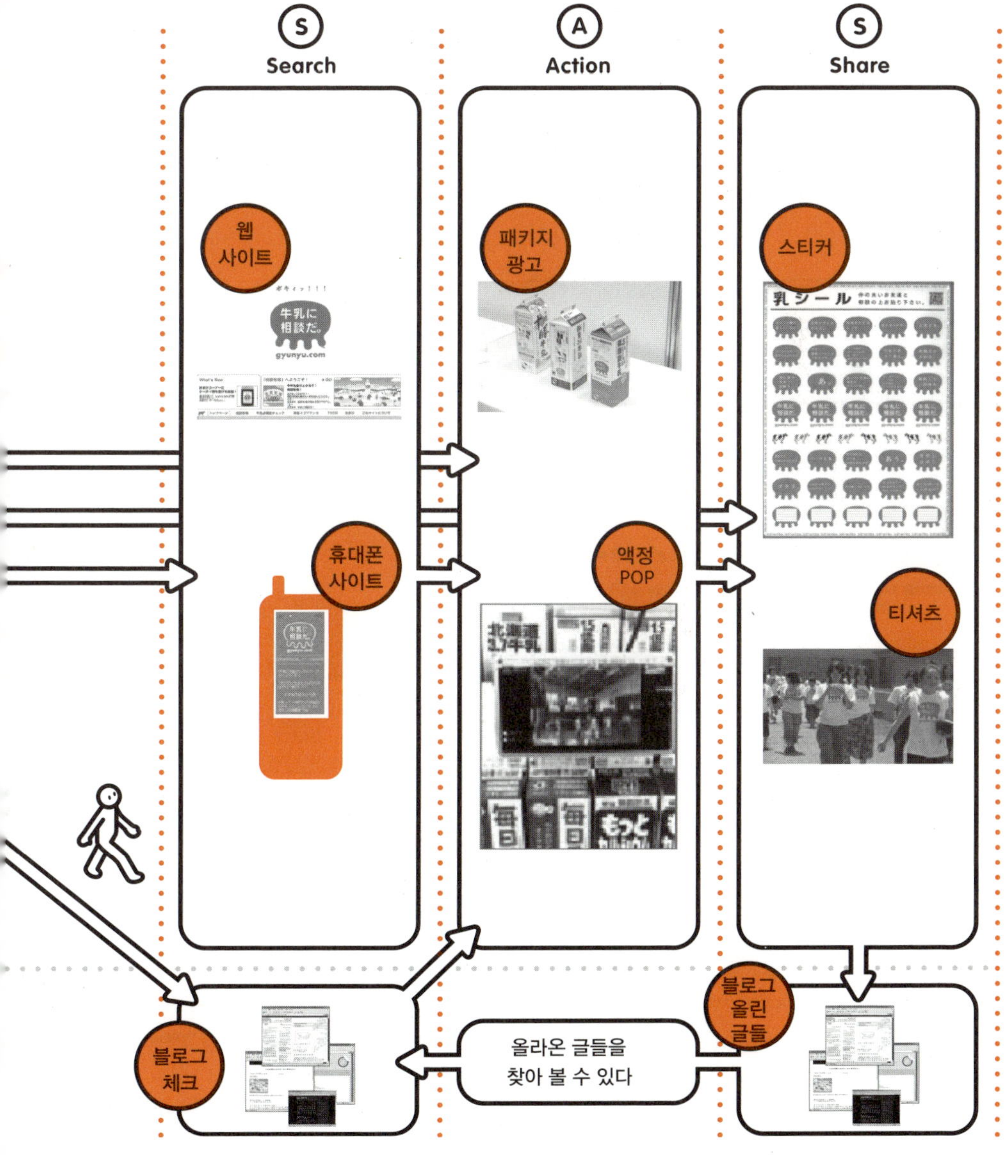
S
Search
A
Action
S
Share
웹 사이트
牛乳に相談だ。
gyunyu.com
휴대폰 사이트
패키지 광고
액정 POP
스티커
티셔츠
블로그 체크
올라온 글들을 찾아 볼 수 있다
블로그 올린 글들

적으로 한 중앙낙농회의 〈우유와 상담하자〉 캠페인이다. 이 캠페인의 과제는 중·고등학생들이 우유를 잘 안 마신다는 것이었다. 따라서 '고민 많은 청춘에게 우유를!' 이라는 메시지를 중·고등학생들에게 효과적이고 효율적으로 전달하기 위해 크로스미디어 커뮤니케이션을 설계했다.

구체적으로 먼저 TV광고를 비롯하여 노래방이나 학원건물, 중·고등학생들의 생활패턴에 맞는 곳에 포스터를 노출시켜 주목을 이끌어 냈다. 또한 만화잡지에 휴대폰사이트와 연동시킨 '우유만화'를 게재하여 캠페인 사이트 방문을 유도했다. 캠페인 사이트는 '중·고등학생들의 상담사'라는 콘셉트로 만들어졌다. 이곳은 무엇이든 상담할 수 있는 커뮤니티로서 계속 글을 올리고 열람하고 싶어지도록 설계되었다. 또 매장에서는 관심과 구매촉진을 위해 액정 모니터를 이용하여 TV광고를 방영한 POP[4]를 진행하였고 상품 패키지도 컨택 포인트로 활용했다.

결과적으로 수많은 중·고등학생들이 이 캠페인에 대한 글을 블로그에 올려 입소문이 확산되었다. 이 캠페인은 2006년 제53회 칸국제광고제에서 프로모라이온(현재의 금상에 해당)을 수상했다.

3-3 인간의 '심리욕구'에 착안하라

여기서는 타깃의 마음을 사로잡을 확실한 시나리오 아이디어를 만들기

4. Point of Purchase 광고의 약자. 소비자가 직접 상품을 선택할 수 있는 장소에서 보게 되는 구매시점 광고. 매장에 설치하거나 위쪽에 달거나 쇼케이스에 놓거나 벽에 붙이는 등 다양한 형태가 있다.

위한 '심리적 접근'에 주목해 보자.

사람의 마음을 사로잡는 것은 그 사람의 잠재적 심리 욕구를 자극한다는 것이며 이를 충족시키기 위한 이정표와 해답 모색이 '도선' 설계로 이어진다.

소비자 심리를 분류한다

시나리오 아이디어 발상을 지원하는 방법으로서 '캠페인 모티베이터'를 개발하였다. 이는 캠페인 설계 시, 소비자의 마음을 사로잡기 위해 인간의 심리욕구를 분류한 것으로, 오하이오 주립대학교의 심리학 및 정신의학 교수인 스티븐 라이스 박사가 분류한 인간의 16가지 욕구(모티베이터)를 토대로 한다. 여기에 따르면 인간은 기본적으로 16가지 욕구를 갖고 있으며, 이들 욕구의 우열로 인해 생활과 커뮤니케이션이 구성된다고 한다.

이러한 심리학적 분류를 토대로 완전히 새롭게 '소비자의 심층심리, 욕구'를 재해석한 것이 '캠페인 모티베이터'이다. 이를 통해 아이디어 핵심에 어떤 심리가 열쇠로 작용할지, 캠페인 진행과정에서 점차 조성되는 심리는 무엇인지를 파악할 수가 있다.

또한 욕구 계층에 대해서도 검토하였다. 개인적 욕구, 대인적 욕구, 사회적 욕구 등 3가지 관점으로 어떤 캠페인에도 적용할 수 있다.

구체적으로 사례를 들어 살펴보겠다.

그림 3-14 캠페인 모티베이터(일부 발췌)

개인적 욕구	대인적 욕구	사회적 욕구
호기심을 충족시키고 싶다	감동하고 싶다	사회를 지키고 싶다
유머감각을 지니고 싶다	마음을 공유하고 싶다	유행을 타고 싶다
나에게 없는 것을 갖고 싶다	애정을 쏟고 싶다	올바른 일을 하고 싶다
⋮	⋮	⋮

개인적 욕구의 사례: '호기심을 충족시키고 싶다'

개인적 욕구 중에서 '호기심을 충족시키고 싶다'를 살펴보자. 2007년 워너브라더스의 '해리포터와 불사조 기사단'이 개봉할 때 전개된 〈마법의 탑 프로젝트〉가 대표적인 사례이다.

해리포터는 꾸준한 인기를 모은 영화 시리즈인데 2001년에 개봉된 제1편 '마법사의 돌'이 최고를 기록한 후 후속 시리즈로 갈수록 흥행수익, 관객 동원수가 감소하는 것이 과제였다. 따라서 시리즈 제5편 '불사조 기사단' 개봉에 앞서 흥행수입 확대를 위한 새로운 캠페인이 전개되었다. 제5편 영화 자체를 홍보하기보다는 해리포터에 대한 관심을 다시 유발시키는 전략이었다.

구체적으로는 해리포터의 본질적 가치인 '마법을 거는 설렘'을 많은 사람들이 체험하게 하고 즐거움을 주는 취지의 캠페인을 전개하였다. 일본에서 열린 시사회날 롯폰기힐스에 모인 사람들이 다 함께 '마법의 주문'을 외우면 빛으로 생긴 높이 600m, 직경 14m의 거대한 '마법의 탑'이 세워지는 행사를 마련했다.

먼저, 이 행사의 참가를 유도하고 화제를 일으키기 위해 신비로운 소식을 알렸다.

'마법 예고. 6월 28일, 저녁 7시 30분, 롯폰기힐스'

'6월 28일 저녁엔 휴대폰을 걸지 말고 마법을 걸자'

무슨 일이 벌어질지에 대해서는 전혀 예고하지 않았다. 다만 6월 28일에 롯폰기에서 마법을 걸면 무슨 일이 일어난다는 취지의 예고를 도쿄 내 역과 전철 등 교통광고를 중심으로 퍼뜨렸고, 입소문은 빠른 속도로 확산되었다.

이벤트 당일 아침. 조간신문 15단에 '오늘은 거리에 나가 마법을 걸자!'라는 광고를 게재함으로써 기대감이 더욱 고조되었다. 당일 행사장에는 무려 1,500명이 모여들었는데 일본을 방문한 영화 속 주연 배우와 함께 마법을 걸자 29대의 서치라이트가 일제히 켜져서 거대한 탑을 이루고 밤하늘을 향해 빛을 발했다.

이 캠페인은 '마법으로 무슨 일이 벌어진다'는 궁금증을 던지는 티저광고를 통해 호기심을 유발하고, 행사장에 직접 가서 확인하는 행동과 만일 가지 못하는 사람들에게는 그게 무엇인지를 찾으려는 행동을 유발시키는 것이 핵심이었다. 여기에는 궁금증을 풀고 싶다, 정체불명의 것을 알아내고 싶다는 '미지의 것을 알고 싶은 욕구'가 원동력이 되었다.

그림 3-15 해리포터와 불사조 기사단 〈마법의 탑 프로젝트〉

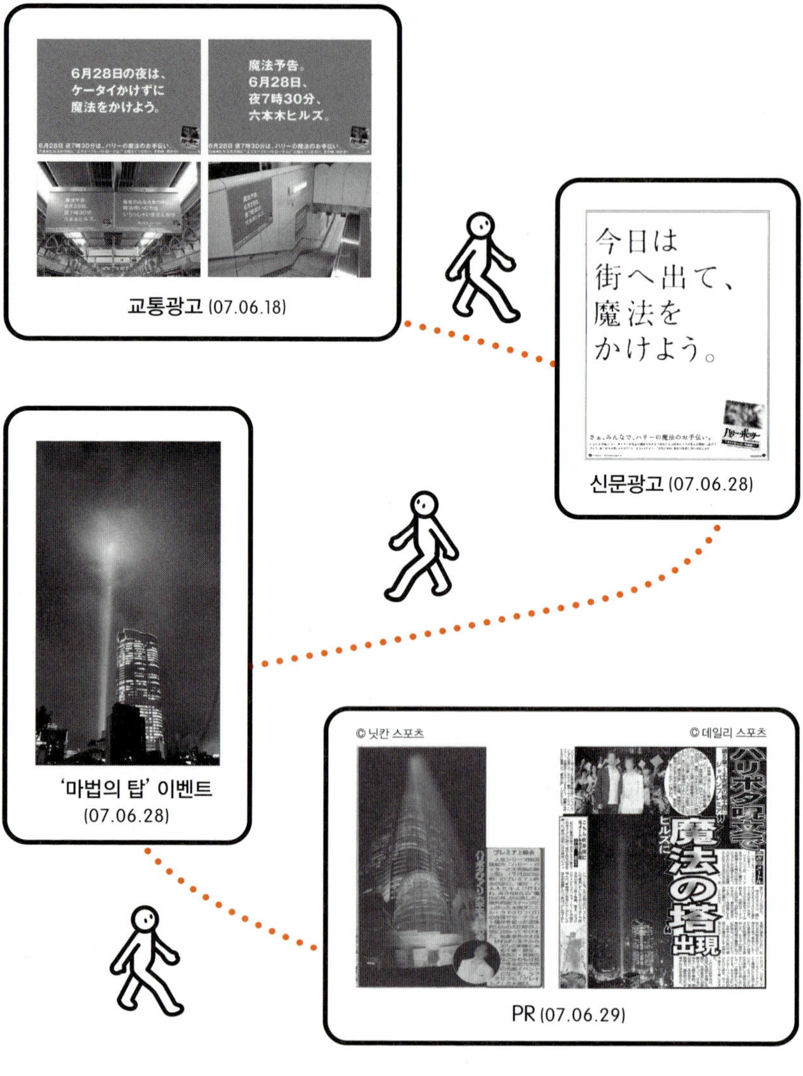

복잡한 영화내용을 알리지 않고 단순하게 마법의 즐거움을 전면에 내세운 덕에 해리포터 시리즈를 안 보게 된 사람들, 혹은 본 적이 전혀 없던 사람들도 관심을 갖게 되었다.

'불사조 기사단'은 과제였던 흥행수익 하락세를 막고, 94억 엔의 수익을 달성하면서 2007년 영화 흥행수익 2위를 기록하였다.

이 캠페인은 제64회 요미우리 영화·연극광고상의 영화부문에서 최우수상을 수상하였다.

대인적 욕구의 사례: 마음을 공유하고 싶다

개인적 욕구가 자기 내면에서 일어나는 데 반해 대인적 욕구란 다른 사람(외부 환경)에 대해 갖게 되는 바람이다. 여기서는 '마음을 공유하고 싶다'는 욕구를 다룰 것이다

JT의 〈루츠 마시고 Go!〉 캠페인은 2007년부터 전개된 캔커피의 대규모 판촉 캠페인이다. 루츠가 안고 있었던 문제는 타깃인 직장인들에게 루츠라는 브랜드 퍼스낼리티가 명확하지 않아 친근성이 떨어지는 데 있었다. 따라서 심리적 거리감을 좁히기 위해 '지적이고 유쾌하며 친근한 존재'로 브랜드 퍼스낼리티는 새롭게 제시했다. '직장인들의 속마음'을 소재로 하여 타깃들의 일상적인 스트레스를 루츠가 풀어 주는 시스템을 마련했다.

구체적으로는 도쿄, 오사카, 나고야를 중심으로 직장인 출퇴근길의 컨택 포인트에 600종류 이상의 포스터를 배치하여 타깃이 평소 느끼는 스트레스나 속마음을 표현하였다. 그 지역만의 현지 특성을 살린 소재, 역과 계단 등 특정 장소를 소재로 삼은 것, 직장인의 심정을 소재로 한

그림 3-16 **JT 〈루츠 마시고 GO!〉 캠페인**

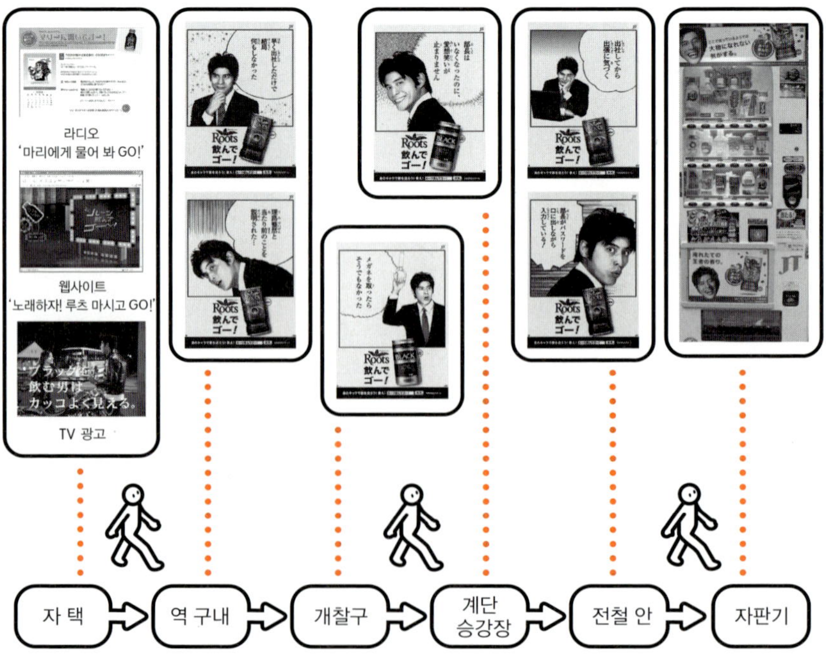

것 등 여러 가지 패턴으로 제작되었다. 타깃은 '나에게도 저런 경험이 있지', '맞아 맞아. 속이 다 시원하네'라는 심정으로 포스터를 바라보면서 출근길에 몇 번이나 공감대를 느끼게 된다. 포스터뿐 아니라 집에서도 TV광고를 보면서 웃고 맞장구를 치게 된다. 또한 워낙 종류가 많기 때문에 또 어떤 광고가 있는지 서로 찾아내려 하면서 화젯거리가 되었다.

이 캠페인의 포인트는 소비자가 잠재적으로 갖고 있는 '마음을 공유하고 싶다'는 심리를 교묘하게 이용하고 있다는 점이다. '꾸밈없는 일상생활', '가식이 없다', '나 혼자만 그렇게 느낀 게 아니었구나 하는 의식'이 가져다주는 일종의 안도감을 소비자들은 경험하게 되는 것이다.

오랫동안 거의 매일 접한 생활 동선에 있는 미디어를 활용, 각종 상황에 따른 속마음을 보여 줌으로써 소비자는 루츠 브랜드에 대해 자연스럽게 안도감을 느끼게 되었다.

루츠는 이후에 웹사이트에 작곡 콘텐츠도 만들었는데 소비자가 자신의 스트레스를 가사로 만들어 적극적으로 참여하게 만드는 시스템이었다. 이 캠페인을 성공시킴으로써 루츠는 더 많은 마니아층을 확보했고 이는 매출 확대로 이어졌다.

이 캠페인은 2008년 제11회 ADFEST에서 다이렉트 로터스 은상을 수상하였다.

interview 01

어느 시대든 '콘셉트'가 본질이다

야마다 소오(山田 壮夫)
덴츠 Strategic planning국 Planner

학창시절 친구 이미지에 '재미'를 가미시킨 JT 〈루츠 마시고 Go!〉

'캔커피의 메이저 브랜드가 되겠다'는 것이 루츠의 목표였습니다. 그래서 기존의 루츠 팬들이 갖고 있는 '긍정적 마음을 갖게 해 주는 캔커피'라는 이미지를 다른 캔커피 소비자들에게도 널리 알려 루츠를 사랑하게 만들자고 생각했습니다.

아이디어 발상의 중요한 계기는 '브랜드 퍼스낼리티에 대해 생각해 보자'는 클라이언트의 얘기를 들은 것에서 시작되었습니다. 학창시절부터 함께 해 온 친구처럼 '지적이면서도 남을 잘 웃기는 재미있는 친구'로 브랜드 퍼스낼리티를 설정한 순간 캠페인의 방향성이 저절로 결정됐습니다.

이런 친구라면 기운 없는 친구를 억지로 격려하지는 않을 겁니다. 그 대신 재미있는 메일이나 술자리 등 기분전환이 될 만한 즐거움을 선사하겠죠. 이것이 그대로 캠페인의 콘셉트가 되었습니다.

또 캔커피는 관여도가 낮은 상품이어서 기존의 'TV스팟을 통한 브랜드 인지'가 왕도라 여겨졌었죠. 그런데 똑같은 방법으로는 더 많은 예산을 지출하는 상위 브랜드와 맞설 수 없습니다. 그래서 널리 알리는 것보다는 개개인의 마음속에 확실하고 깊이 있게 메시지를 전달하는 방법을 모색했습니다.

이렇게 해서 완성된 것이 '그 지역 특성을 살린 현지 포스터'(옥외광고)였으며 '마리에게 물어봐 Go!'(라디오)이며 '노래하자! 루츠 마시고 Go!'(웹사이트)입니다.

이 캠페인은 클라이언트와 함께 만들었다는 점이 인상적인데 아웃풋에 이르기까지 클라이언트와 끊임없이 논의를 거듭할 수 있었던 점이 매우 좋았습니다. 수많은 팬들이 생기고 다수의 공감 어린 의견과 반응이 돌아왔는데 메이저 브랜드 진입이라는 큰 목표는 아직 절반 정도밖에 달성하지 못했다고 생각합니다. 앞으로도 이 캠페인은 계속 전개할 예정입니다.

콘셉트란 '과제를 해결하는 힘 있는 키워드'

어느 크리에이티브 디렉터로부터 '광고 아이디어는 브랜드 전략과 크리에이티브 아이디어, 그리고 미디어 플랜, 이 세 가지밖에 없다'고 배운 적이 있어요. 이 중에서도 '브랜드 전략=캠페인 콘셉트'에 관한 아이디어야말로 가장 근본적이며 중요합니다.

명확한 콘셉트만 있으면 어느 시대든 다 통합니다. 이 경우 콘셉트란 '과제를 해결하는 힘 있는 키워드'이며 그럴싸한 미사여구나 즉흥적 아이디어가 아닙니다.

콘셉트를 기반으로 캠페인을 개발하고 전개하기 위해서는 ①과제를 명확하게 하고 ②해결로 이어지는 키워드를 발견하고 ③구체적인 아웃풋을 개발하여 ④실행하는 네 가지 단계를 거쳐야 합니다. 자세히 말씀드리겠습니다.

캠페인을 개발하고 전개하기 위한 4단계

① 과제를 명확하게 한다

여기에서 주의해야 할 점은 두 가지가 있는데 하나는 분석지상주의에 빠져서는 안 된다는 겁니다. 물론 데이터는 중요하죠. 하지만 여기에 지나치게 치중한 나머지 전체 이미지를 그릴 수 없다면 일의 주객이 바뀐 것과 다를 바 없습니다. 가급적 많은 데이터를 가치판단 없이 분석하고 직감과 이론을 토대로 과제를 찾아내는 것이 중요합니다.

다른 하나는 클라이언트와 충분히 대화를 나누는 것입니다. 오리엔테이션 자료에 여러 개의 과제를 제시하는 경우가 있지만, 같은 중요도로 여러 과제를 해결하는 것은 불가능합니다. 대화를 통해 클라이언트가 진정 원하는 것이 무엇인지 제대로 파악해야 합니다.

② 해결로 이어지는 키워드(콘셉트)를 발견한다

이 과제의 해결 방법을 키워드(콘셉트)로 잡고 팀 전체가 공유해야 합니다.

콘셉트의 핵심이 되는 키워드에 대해 팀에서는 다음 3가지 체크 항목을 토대로 철저히 논의하면서 완성시켜야 합니다.

(1) 이는 상품으로 연결되는가?
(2) 소비자로 연결되는가?
(3) 아웃풋으로 연결되는가?

논의를 함으로써 '콘셉트는 진화한다'고 말해도 과언이 아닙니다. 시작할 때 제시된 키워드(콘셉트)를 너무 고집하는 건 별 의미가 없습니다.

또한 캠페인 콘셉트를 잡을 때 메타포(*metaphor*, 은유: 사물의 어떤 측면을 더욱 구체적 이미지로 환기시키는 말로 바꾸어 간결하게 표현하는 것)는 중요한 수단이 됩니다. 이는 감각적으로 콘셉트를 공유하는 역할을 하는데, 루츠의 경우 '장난스러움과 재미를 준다'고 설정함으로써 순식간에 아웃풋으로 연결되었습니다.

③ 구체적 아웃풋을 개발한다

①에서 ③에 이르는 각 단계는 순차적인 것이 아니라 서로 각 단계를 오가면서 서서히 정밀도를 높여갑니다. 캠페인 개발 후기가 되면 콘셉트의 정밀도도 향상되기 때문에 뛰어난 아웃풋을 개발할 수 있게 되죠. 여기서 말하는 아웃풋이란 단순히 표현을 뜻하는 것이 아닙니다. 여기에는 예산상의 제약을 고려하면서 미디어에 대해서도 논의할 필요가 있습니다.

④ 실행한다

이렇게 개발한 캠페인을 타깃 입장에서 체감하는 단계입니다. 효과조사 등의 데이터와 실제 느낌 등을 종합하여 다시 ①의 과제를 명확하게 하는 단계로 돌아갑니다. 무한한 나선모양으로 캠페인을 개발하고 전개하는 것 입니다.

과제를 해결하는 힘 있는 콘셉트가 앞으로도 중요

아이디어 발상의 참고가 될 만한 책이 몇 권 있지만 최근 읽고 공감한 것은 '지식창조의 방법론'(동양경제신보사(東洋經濟新報社), 노나카 이쿠지로(野中郁次郎)·콘노 노보루(紺野登) 공저)입니다. 앞에서 말한 메타포의 유효성에 대해 이론적으로 기술됐고, '말로 해결한다'는 점에 공감이 갑니다.

앞으로 크로스미디어 캠페인을 플래닝할 때는 소비자, 클라이언트(상품)뿐 아니라 표현과 미디어에 대한 깊은 이해'가 필요하다고 생각합니다.

콘셉트는 어느 시대든 본질입니다. 이미 클라이언트들은 '단순히 재미있다', '미디어가 참신하다'만으로는 설득되지 않습니다. 과제를 해결하는 힘 있는 콘셉트가 앞으로 더더욱 중요해질 겁니다.

야마다 소오(山田 壮夫)
1993년 덴츠 입사. 마케팅 총괄국, 출판영업국, IMC 플래닝 센터를 거쳐 2008년 7월부터 전략기획국에 재직. 예리하고 적절한 콘셉트 구축과 재미를 가미한 아이디어 발상으로 수많은 크로스미디어 캠페인을 전개. 새로운 컨택 포인트 개발과 입소문 유발법 등으로 화제를 유발. 2006년 제53회 칸국제광고제 프로모라이온(현재의 금상에 해당), 2008년 제11회 ADFEST 다이렉트 로터스 은상 수상.

사회적 욕구의 사례 : 사회를 지키고 싶다

사회적 욕구란 지역과 환경 등 자신을 둘러싼 사회에 대해 느끼는 것이다. 여기서는 '사회를 지키고 싶다'는 욕구를 살펴보자.

사회적 욕구의 사례로써 로켓 컴퍼니의 〈한자검정 DS〉 캠페인을 들 수 있다. 〈한자검정 DS〉는 즐기면서 한자능력을 키우는 게임 소프트로써 2006년 9월에 출시되었다. 이미 게임 유저들에게 30만 장이 팔리는 성공을 거두었으나 더 큰 매출신장을 위해 새로운 캠페인을 전개하였다.

제1단계는 타깃을 게임 유저가 아니라 일반인에 맞춰 전략적 PR를 실시하였다. 같은 해 12월 12일 일본의 '한자의 날'에 맞추어 독자적으로 실시한 조사 결과를 발표하였는데, '최근 성인의 85%가 한자능력 저하를 실감하고 있다'는 내용이었다. 매스컴은 앞다투어 이 조사결과를 다루면서 누구나 느끼는 한자능력 부족이라는 위기감을 사회적으로 이슈화하였다.

제2단계로 한자능력 부족 해소를 위해 〈한자검정 DS〉를 이용하게끔 만들었다. 이를 위해 블로그 파츠 배포와 웹사이트를 통한 입소문 캠페인을 전개하였다. 블로그 파츠란 블로그상에 배치된 다른 사이트의 정보나 콘텐츠를 작게 표시할 수 있는 부품(파츠)을 말한다. 배포된 블로그 파츠를 자신의 블로그에 붙여 넣어 클릭하면, 〈한자검정 DS〉 게임 본체와 동일한 게임을 체험해 볼 수 있다. 또 그 체험 결과는 공식 웹사이트에 반영되어 자신의 한자능력이 전국에서 어느 정도 수준인지 그 레벨이 표시되도록 만들었다. 동시에 자신이 입력한 출신 도도부현(역주 : 일본의 광역자치단체) 순위가 나오도록 연동시켰다.

주목할 점은 단순한 체험판 경험이 아니라 '도도부현 각 지역 대항'이

그림 3-17 로켓 컴퍼니 〈한자검정 DS〉 캠페인

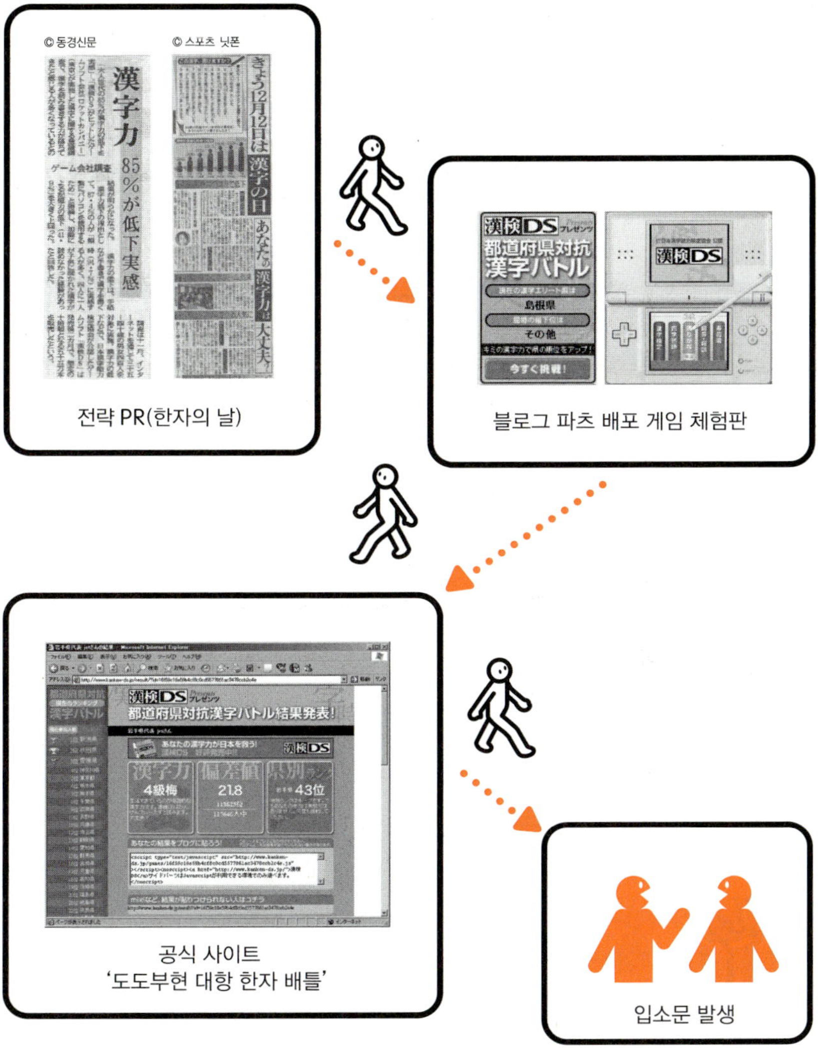

◆ [한자검정]·[한검]은 재단법인 일본한자능력검정협회(日本漢字能力検定協會) 상표입니다.

란 구도를 만들어 참가자의 '고향 사랑'을 자극해서 폭발적인 입소문을 일으킨 점이다. "그 지역에 질 순 없지", "우리 고향이 꼴찌가 될 순 없어" 등 인터넷 상에서 연쇄적 반응이 일어났다. 또 체험판을 즐길 때 푹 빠져 버릴 정도로 게임의 질이 높다는 평가가 SNS와 게시판 곳곳에 올라와 구매 이전에 벌써 "한자검정 DS는 재미있다"는 소문이 퍼졌다.

확산된 블로그 파츠 노출은 800만 임프레션[5] 달성, 15만 명 이상이 블로그 파츠에서 체험판을 즐겼으며 판매량은 65만 장을 돌파하는 기록을 세웠다.

이 캠페인의 포인트는 '한자능력에 대한 불안감'을 조성하고 난 후, 한자를 통해 고향과 거주지역 등 공동체 귀속의식과 애정, '고향을 지키고 싶다'는 심리욕구를 자극하는 데 있었다. 도도부현 대항이란 형식을 취함으로써 인터넷상의 단결력이 입소문을 통해 빠르게 유발된 것이다.

이 캠페인은 2007년 제5회 도쿄 인터랙티브 애드 어워즈에서 애드 부문의 '기타 인터랙티브 광고'에 입상하였다.

5. 웹 사이트상의 노출횟수. 광고효과 측정 지표 중 하나.

interview 02

'시스템'이 아닌 소비자의 '마음'을 디자인한다

키시 유키(岸 勇希)
덴츠 Communication Design Center, Communication Design

전략적 PR로 잠재시장을 발굴한 〈한자검정 DS〉

제가 프로젝트를 맡기 전에 이미 〈한자검정 DS〉는 30만 장 이상의 매출을 올린 상태였습니다. 그런데 클라이언트로부터 '이 기세를 몰아가고 싶다'는 의뢰를 받았습니다. 이미 타깃으로 구분된 사람들(게임 유저)에게는 거의 도달한 상태였기 때문에 더 많은 판매를 위해서는 새 타깃을 발굴해야 했죠. '안 팔리는 것을 판다'는 게 아니라 '잘 팔리는 것을 더 많이 판다'는 건 어떤 의미에서는 더 어려운 과제였습니다.

먼저 전략적 PR에 입각해서 한자능력 저하에 대한 의식을 환기시키고 잠재시장을 발굴하기 시작했습니다.

전략적 PR 기법을 취한 이유는 새로운 유저(일반인)를 발굴하기 위해서는 일반적인 광고로는 효과가 작다고 판단했기 때문입니다. 같은 내용이라도 광고에서 '한자능력이 저하됐다'고 알리는 것보다는 뉴스를 통해 발신하는 쪽이 훨씬 효과적입니다. 뉴스에서 발신하는 정보라면 관심 없는 사람들도 관심을 갖게 됩니다. 자신과 직결된 일로 받아들이기 때문이죠.

중요한 건 메시지의 전달이 최종목표가 되어서는 안 된다는 점입니다. 소비자가 실제 구매를 해야 비로소 목표가 달성되는 겁니다. 소비자의 의식과 관심이 고조되어도 경쟁상품 쪽으로 고개를 돌려 버리면 헛수고인 셈이죠.

그래서 인터넷 상에 체험판을 만들어 실제로 게임을 할 수 있는 환경을 만들었습니다. 구체적으로는 블로그 파츠를 만들어 자연스럽게 체험판이 확산되도록 했습니다. 그리고 체험판에서는 도도부현 대항 등을 도입하여 재미를 주면서도 입소문이 퍼질 수 있는 환경을 구축한 것이죠.

또 매장에서도 뉴스 기사를 POP로 보여 주는 등 많은 노력을 기울였습니다.

소비자가 광고를 접하는 순간 어떤 심리작용이 일어나는가?

이 외에 제가 진행한 프로젝트는 마리엘의 CF 연동 사이트, 후마킬러의 남성용 화장실과 웹사이트를 이용한 '일발명충(蟲)', 대학교 내의 무료복사서비스 '타다카피'(역주: '공짜복사'란 뜻)를 이용한 나가타니엔(永谷園)의 '미스 히에시라즈'(역주: '냉증 안녕'이란 뜻, 인스턴트 국 종류) 등이 있습니다.

이들은 모두 '소비자가 광고를 접하는 그 순간부터 디자인한다'는 마인드로 커뮤니케이션 디자인을 하고 있습니다. 즉 타깃이 무엇을 보는지, 이를 봤을 때 어떤 심리가 작용하는지 등을 빠짐없이 검토해 보았죠.

대전제는 '미디어를 중립적으로 생각한다'는 것과 '모든 것이 미디어가 될 수 있다'는 발상입니다. 미디어의 존재가 우선되는 것이 아니라 '소비자에게 전달하기 위해 어떻게 하면 좋을까?'를 먼저 생각한 뒤에 미디어에 대해 고려하는 겁니다.

'소비자가 어떻게 움직일까?'하는 장면을 상상한다

크로스미디어 시대의 플래닝에서 중요한 관점은 구조를 디자인하는 것이 아니라 소비자의 '마음'을 디자인하는 것입니다. '크로스미디어 방식으로 하겠다', '소비자가 검색하도록 만들겠다'가 최종목표가 아닙니다.

컨택 포인트 연장선상에 있는 장면을 상상하는 것이 중요합니다. 즉 타깃이 직면한 상황이라든지 장면, 또는 그때의 마음(심리)을 상상해 봅니다. 강한 이미지를 그리는 것이 중요해요. 그리고 전달되는 순간을 토대로 커뮤니케이션을 디자인합니다. 〈한자검정 DS〉에서는 그중 하나가 '고향의 순위'를 화제 삼아 사람들이 대화를 나누는 장면이었습니다.

이런 의미에서 '제작물부터 생각하려 들지 않는다'는 것도 중요한 것 같습니다. 제작물이 선행해 버리면 시야가 좁혀져 더 이상 다른 가능성에 대해 생각할 수 없게 되고 가장 중요한 소비자를 간과해 버릴 수도 있답니다.

저는 클라이언트 앞에서 프리젠테이션 할 때에도 제작물이나 미디어가 우선이 아니라 '소비자가 어떻게 움직일까?'하는 장면을 먼저 상상하도록 합니다. 데이터에 좌지우지되지 않고 느낌으로 이해할 수 있도록 설득해야 합니다.

모두가 감각을 공유할 수 있는 콘셉트는 매우 중요합니다.

커뮤니케이션의 전체적 설계가 필요

최근 클라이언트로부터 '그랜드 디자인, 즉 근본적인 커뮤니케이션 디자인을 원한다'는 의뢰가 늘고 있습니다. 전체적 설계를 해야만 비로소 커뮤니케이션 효과가 있다는 사실을 클라이언트들도 이해하기 시작한 겁니다.

이런 의미에서 플래닝 프로세스의 일부분이 아니라 처음부터 끝까지 전체를 바라보는 자세가 중요합니다. 이때 플래닝 각 단계에서 각자의 역할에 제한을 두지 말고 '누가 무엇을 해도 좋다', '할 수 있는 사람이 한다'는 식으로 융통성 있는 발상으로 임해야 합니다.

정보가 넘쳐나는 이 시대에 소비자는 광고에 대한 방어의식이 강하기 때문에 단순한 메시지로는 효과가 없습니다. 커뮤니케이션 디자인을 할 때는 이런 사람들이 '문득 마음이 동하는 순간'을 포착해 내는 것이 더욱 중요합니다.

키시 유키(岸 勇希)

와세다대학 대학원 국제정보통신연구과 수료. 츄오대학(中央大學) 연구개발기구(전임연구원)를 거쳐 2004년 덴츠 입사. 중부지사 잡지부, 미디어 마케팅부, 인터랙티브 커뮤니케이션국을 거쳐 2008년 7월부터 커뮤니케이션 디자인센터에 재직중.

기존의 광고 개념에서 벗어난 참신한 기법으로 크로스미디어 캠페인, 바이럴 캠페인을 다수 전개하였으며 소비자 참여형 커뮤니케이션으로도 주목받음. 미디어연구자이기도 하며 대학 강연이나 집필 활동중.

주요 수상경력은 2007년 굿디자인상(산학연계로 프로듀스한 '신문블로그'), Venice Festival of Media 입상, 2008년 One Show 동상, Media Spilkes 은상 등 다수 수상.

최신작 《커뮤니케이션을 디자인하기 위한 책》 (2008년 9월 발행).

심리적 접근을 적극적으로 활용한다

소비자 관여를 제고시키고 다음 행동을 유발하는 심리적 접근방법은 타깃과 브랜드 특성에 따라 그 욕구에 대한 접근법이 달라서 그때마다 판단해야 하지만, 향후 크로스미디어 커뮤니케이션에 있어 이 포인트를 자극하는 프로세스는 더욱 중요해질 것이다.

덴츠의 '캠페인 모티베이터'를 사용하면 효과적인 심리욕구의 발견과 아이디어 발상이 가능하다. 구체적인 플래닝 과정에 대해서는 제5장의 '팀 토론을 통해 시나리오 아이디어를 발상한다' 항목을 참조하길 바란다.

3-4 가로T모델을 활용하라

AISAS와 컨택 포인트 매니지먼트, 인간의 심리욕구 등과 같은 관점을 살려서 크로스미디어의 시나리오 아이디어를 전개할 때 기본이 되는 프레임(*framework*)이 있다면 발상이 쉬워지고 팀 내에서 공유하기 편해진다.

'가로T모델'의 적극적 활용을 통해 시나리오 아이디어를 구체적으로 시각화시키고, 그 효과에 대해 사전에 체크해 볼 수 있다.

가로T모델로 시나리오를 시각화한다

시나리오 아이디어를 그리는 기본적인 프레임워크로써 가로T모델을 개발했다.

그림 3-18 크로스미디어 시나리오 설계의 기본 프레임: 가로 T모델

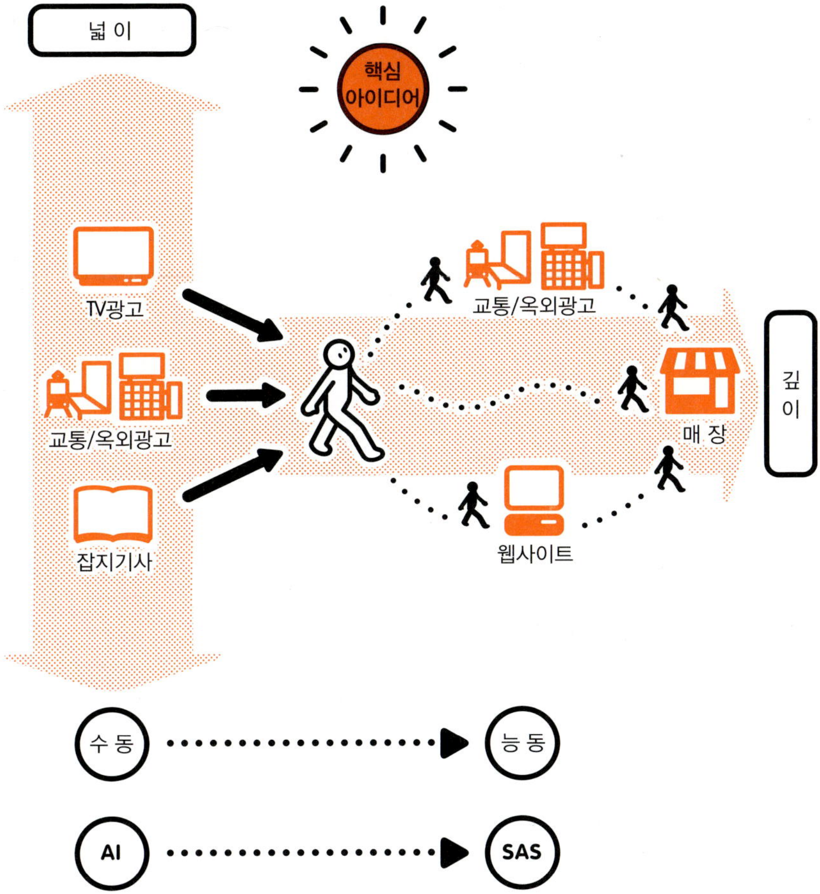

크로스미디어 시나리오 설계의 기본적 발상은 정보 방어막을 친 소비자가 스스로 그곳에서 나오도록 유도하고, 상품정보와 광고를 능동적으로 접하여 상품과 깊은 관계를 형성하게 만듦으로써 상품 구매까지 연결시키는 것이다. AISAS 개념은 상품정보와 광고에 주의(*Attention*), 관심(*Interest*)을 갖게 만들어 그 후 정보수집(*Search*), 구매행동(*Action*), 공유(*Share*) 행동을 적극적으로 하게 만드는 도선을 설계하는 것이다.

크로스미디어 커뮤니케이션 효과를 극대화하기 위해서는 이 프로세스가 개개인의 내부에서만 일어나는 것이 아니라 타깃이 되는 많은 사람들한테서 일어나야 한다. 즉 더 많은(널리) 타깃을 능동적으로 만들고 더 깊이 타깃과의 관여를 형성하는 것, 이 두 가지 발상이 필요하다.

소비자 입장에서 '수동에서 능동으로', 'AI에서 SAS로'의 움직임과 함께 시나리오 설계의 넓이와 깊이의 관점을 하나의 구조로서 시각화한 것이 가로T모델이다. 알파벳 T 글자를 90도 옆으로 눕힌 모양이라 이렇게 이름 붙였다.

2가지 관점에서 체크하라

가로T모델은 발상한 시나리오 아이디어를 체크할 때 도움이 된다.

① 계기와 콘텐츠의 관계가 성립되었는가?
② 넓이뿐 아니라 깊이에도 규모감이 있는가?

① 계기와 콘텐츠의 관계가 성립되었는가?

'수동에서 능동으로', 'AI에서 SAS로' 유도하기 위해서는 다음과 같은 관점을 가져야 한다.

수동적인 소비자를 유인하기 위한 정보와 메시지가 계기가 되어, 능동적으로 변한 소비자의 기대에 부응하는 기업의 콘텐츠는 어떻게 갖춰져 있는가? 즉, 계기와 콘텐츠의 관계성을 제대로 계산해야 한다.

팀 내에서 자유롭게 발상된 시나리오 아이디어를 가로T모델에 대입시켜 보면 확실히 알 수 있다. 일단 유인하긴 했지만 그 후의 연결이 끊어져서는 안 된다. 기대를 저버리지 않는 콘텐츠를 갖추었는지, 심리적 접근은 적절한지, 다음 컨택 포인트는 무엇인지 하나씩 짚어 본다.

이는 시나리오 완성에 앞서 각 도선의 연결고리를 확인하고 강화시키는 데 도움이 될 것이다.

② 넓이뿐 아니라 깊이에도 규모감이 있는가?

통상적으로 넓이의 개념에는 도달의 개념도 포함되어 있기 때문에 타깃에게 어느 정도 인지시키고 관심을 유발할 것인지에 대해 예측하기는 쉽다.

그러나 깊이는 어떻게 관여도를 제고시키고 행동을 환기시킬 것인지 하는 질적인 관점이기 때문에 타깃의 규모를 잊어버리기 쉽다.

타깃을 유인하는 시나리오로는 독특하지만 복잡하고 고차원적이어서 사람들이 따라오지 못한다거나, 체험만 하면 꼭 마니아가 될 텐데 컨택 포인트가 한정적이라 체험할 수 있는 인원 자체가 적다든지 하는 일이 실제로 있을 수 있다. 크로스미디어 커뮤니케이션의 성공에는 넓이와 깊이 두 측면 모두 규모감이 결여되어서는 안 된다.

시나리오 아이디어 발상에서는 자칫 근시안적 발상이 나오기 쉬운 부분을 중립적 발상으로 바로잡아 준다. 가로T모델을 활용한 체크 프로세스에서는 이런 효과를 기대할 수 있다.

넓이와 깊이의 구체적 설계방법에 대해서는 제5장의 '과학적으로 크로스미디어의 구조를 설계한다'의 항목을 참고해 보기 바란다.

제4장
뛰어난 시나리오 아이디어는 모든 사람의 마음을 움직인다

크로스미디어 커뮤니케이션을 도입하는 기업이 급속도로 늘고 있다. 기업이 직면한 '과제', 이를 해결하기 위한 '핵심 아이디어', 그리고 핵심 아이디어를 실현하기 위한 시스템으로써의 '시나리오 아이디어', 이 세 가지를 어떻게 전개하면 될까? 제4장에서는 뛰어난 시나리오 아이디어를 창출해서 성공한 사례들을 소개하겠다.

이 장에서는 크로스미디어를 실천하기 위한 포인트를 재확인하고 시나리오 아이디어의 중요성을 살펴보겠다. 그렇다면 뛰어난 사례에는 어떤 지혜와 아이디어가 숨어 있는가?

4-1 닛싱식품(日清食品)의 컵누들 〈FREEDOM-PROJECT〉

크로스미디어 커뮤니케이션을 통한 브랜드 과제 해결을 위해서는 기존의 틀을 깨는 발상이 필요하다. 먼저 젊은층의 마음을 잡기 위해 다양한 컨택 포인트를 활용해서 새로운 비즈니스 모델을 창출한 닛싱식품의 컵누들 〈FREEDOM-PROJECT〉 사례이다. 이 프로젝트는 2006년 4월부터 2008년 3월까지 2년 동안 지속적으로 전개되었다.

[브랜드 과제]
젊은층 대상으로 한 브랜드 임팩트 제고

1971년에 탄생한 컵누들은 전 세계 80여 개국에서 누적판매량으로 250억 개 이상의 판매실적을 자랑하는 세계적 브랜드다. 이와 동시에 컵누들은 롱런 브랜드로서의 과제를 안고 있었다. 시판한 지 35년이 지나 세대가 변했기 때문에 현재 일본의 10~20대 젊은층은 컵누들 브랜드에 대해 예전 세대만큼 강한 인상을 갖고 있지 않았다.

기본적으로 컵누들의 커뮤니케이션 타깃은 모든 세대가 대상이지만 미래의 고객층이 될 젊은층에게 '컵누들은 이 시대를 살고 있는 우리 모두에게 공감 가는 브랜드'라는 인식을 전략적으로 심어 주는 것이 중요했다.

지금까지 구축해 온 브랜드의 모습을 유지하면서도 활동적인 이미지를 부여하여 신규 고객을 확보하는 것이 과제였는데, 이 과제에 대해 어떻게 접근해야 할지 고민하였다.

[핵심 아이디어]
재패니메이션을 통해 컵누들의 문화를 체감하게 한다

롱런 브랜드라면 상품 자체를 팔려고 하기보다 브랜드 문화(*brand culture*)를 체감하게 하는 것이 브랜드 충성층 확보로 이어지는 효과적인 방법이라 판단했다.

아이디어는 여기서부터 시작되었다. 즉 컵누들은 '상품'이 아니라 '문화'라는 발상이다. 1971년에 시판된 이후 걸어 다니면서 포크로 컵누들을 먹는 광경이 펼쳐지고 이것이 새로운 음식문화로 수용되기 시작하였으며 원할 때 원하는 곳에서 '자유롭게 먹을 수 있다'는 가치가 절대적 지지를 얻었다.

그래서 이번에도 브랜드의 본질적 가치를 한마디로 표현한 '자유'를 캠페인의 주제로 설정하였다. 〈FREEDOM〉은 말 그대로 자유를 뜻한다. 그리고 이 본질적 가치를 현대적으로 전달하는 수단으로서 '재패니메이션'을 활용하기로 하였다. 재패니메이션(*Japanese Animation*)은 컵누들과 마찬가지로 일본에서 출발한 세계적 문화이다. 또한 젊은이들이 좋아하는 엔터테인먼트이기도 해 오락성을 훼손시키지 않고 브랜드가 발신하는 메시지를 그 안에 담아서 자연스럽게 젊은이들과 컵누들을 밀접하게 이어줄 것이라 생각했다.

[시나리오 아이디어]
현재 진행형의 연속 스토리를 TV광고와 DVD 판매라는 두 가지 방식으로 전개하여 기대감을 조성한다

애니메이션은 2년 동안에 걸쳐 완결되는 장대한 스토리였다. 무대는 23세기, 인류는 달에 이주하고 자유가 억압된 관리사회에 살고 있다. 여기에 숨겨진 신비를 풀면서 소년들은 진정한 자유를 찾는다는 스토리이다. 캐릭터와 메카닉 디자인은 오토모 카츠히로(大友 克洋)가 담당하였다.

시나리오 아이디어는 '타임라인 시나리오' 형식을 취했다. 즉, 타깃은 복수의 미디어를 통해 조금씩 전개되는 연속 스토리를 접하기 때문에 지속적으로 앞으로의 이야기를 기대하게 되는 시스템이었다. 이는 크게 두 가지 흐름으로 구성된다.

① 브랜드 캠페인으로서 복수 미디어에서 광고 및 판촉 전개
② 콘텐츠를 중심으로 DVD 판매와 동영상 다운로드 전개

FREEDOM은 하나의 프로젝트로 출발했다. 광고에 중심을 두면서도 캐릭터를 살린 비디오 애니메이션 시리즈로 DVD를 제작 및 판매하였다.

브랜드 캠페인은 TV광고를 중심으로 잡지나 웹사이트 등 복수의 컨택 포인트를 통해 전개되었으며 애니메이션의 일부분을 보여 주면서 컵누들 제품을 노출시켜 브랜드 이미지를 구축하는 역할을 했다.

DVD 콘텐츠는 높은 작품성으로 프로젝트 전체에 깊이를 실어 주고 타깃에게 공감을 주는 역할을 하였다. 광고와 연동되면서도 독립적 형태의 DVD 판매를 통해 타깃의 능동적 구매를 촉진하는 기존의 광고 캠

그림 4-1 〈FREEDOM-PROJECT〉

페인에는 없었던 새로운 컨택 포인트를 창조했다.

〈FREEDOM〉의 세계관을 담은 라이선스 제품들과 소설 등 관련상품 판매도 구상되었다. 이는 광고 캠페인의 틀을 벗어나 '새로운 비즈니스 모델을 구축하는 시나리오 아이디어'였다.

두 개의 흐름은 모두 타깃의 흥미와 관심을 끄는 넓이의 관점과 관여도를 제고하는 깊이의 관점을 갖고 상호 연동하면서 전체적으로 젊은층이 브랜드 테마인 자유에 대해 다시 생각하게 하는 구조를 취하였다.

각각의 흐름을 조금 더 자세히 살펴보도록 하자.

① 브랜드 캠페인: 복수 미디어에서 광고 및 판촉 전개

먼저 관심의 넓이를 확보하기 위해 교통광고, TV광고, 잡지광고 등이 전개되었다.

TV광고 방영 전에 화제를 모으기 위해 교통광고를 전개하였다. 무채색의 드로잉 포스터를 도쿄의 시부야역, 신주쿠역, 오사카의 우메다 역에 붙이고 며칠 후 TV광고 방영과 동시에 컬러로 변하는 방식을 채택했다. 역 안을 오가는 사람들의 주목을 받으면서 컵누들의 새로운 캠페인 활동이 알려지게 되었다.

2006년 4월에는 TV광고 '선언편'이 방영되면서 본격적으로 캠페인이 시작되었다. 약 3개월마다 연속적으로 스토리가 바뀌면서 이후의 스토리 전개에 대한 호기심과 기대감이 고조되었다. 2008년 3월 마지막 광고 진행을 끝으로 총 10편의 CF를 전개했다.

TV광고와 함께 젊은층 대상의 잡지와 만화잡지에 광고를 전개하였다. 미국만화 풍으로 각색한 버전도 섞어서 TV광고와 시너지 효과를 일으킬 수 있도록 하였다. 넓이(도달률)를 확보하기 위해 사람들 눈에 가장 잘 띄는 잡지 뒤표지를 적극적으로 활용했다.

또한 관여도를 제고시키는 깊이의 확보를 위해서 웹사이트, 휴대폰 사이트, 이벤트 등을 전개하였다.

웹사이트 'FREEDOM-PROJECT.JP'는 광고를 보고 관심을 가진 사람들이 기대감을 안고 능동적으로 접촉해 오는 곳이다. 이 사이트는 컵누들의 상품 브랜드 사이트와는 별도로 〈FREEDOM〉 애니메이션에 특화된 공식 사이트로 개설해서 광고와 콘텐츠를 연결하는 포털 사이트의 역할을 하게 했다. 광고 및 애니메이션의 모든 전개상황, 스토리와 세계관, DVD, 캠페인 등 〈FREEDOM〉에 관한 모든 정보를 담고 있어 접속

그림 4-2 광고 전개

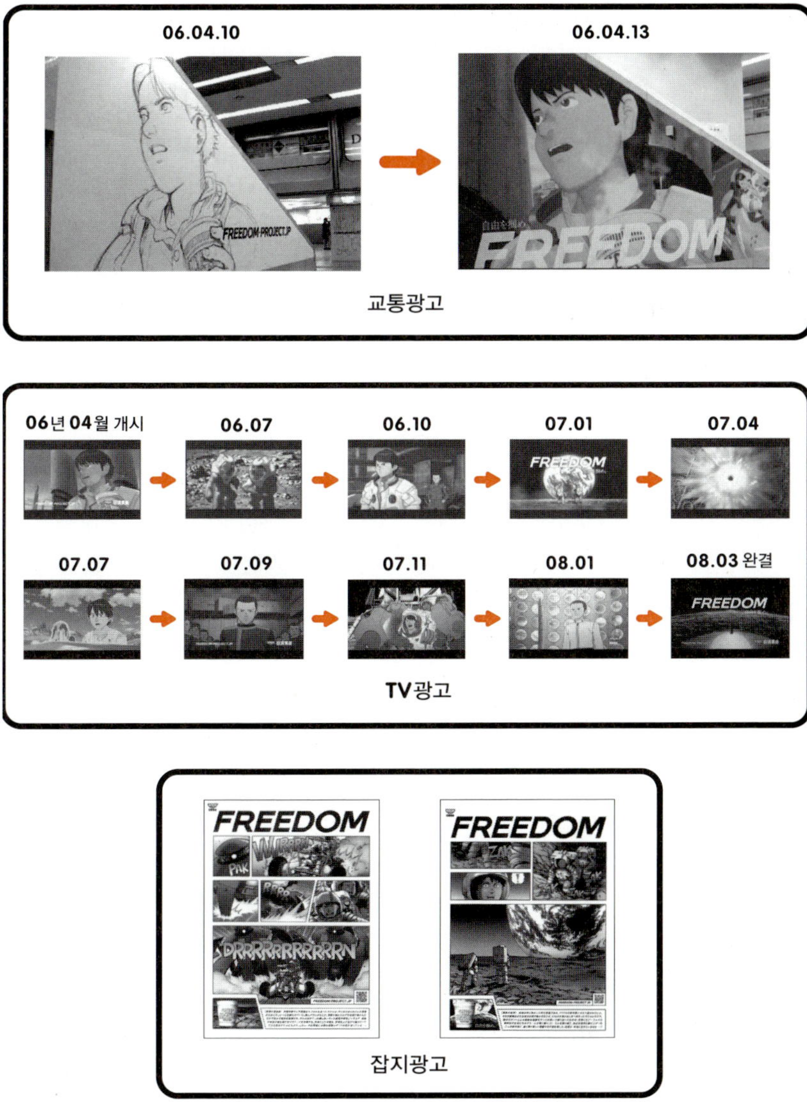
06.04.10
06.04.13
FREEDOM-PROJECT.JP
FREEDOM
교통광고
06년 04월 개시
06.07
06.10
07.01
07.04
07.07
07.09
07.11
08.01
08.03 완결
TV광고
FREEDOM
FREEDOM
잡지광고

한 사람을 매료시켰다.

또한 컵누들 뚜껑 뒤의 QR 코드(역주-모자이크 형태의 2차원 바코드로 휴대폰 카메라를 통해 스캔하면 해당 웹사이트에 바로 접속할 수 있음)를 활용하여 휴대폰사이트로 유인하는 도선을 깔았다. 이 시스템은 사이트에 들어가서 즐기고 관여도를 제고하는 것 외에도 방문자의 접속시간을 확인할 수 있어 '타깃이 언제 먹는지'를 알아보는 마케팅 데이터로써도 활용할 수 있었다.

이 외에도 시식행사, 상영회, 실물 크기의 차량비행기 전시 등이 열리는 오다이바(お台場)에서 컵누들 35주년 기념행사로 유인하는 도선도 만들어서 먹고, 체감하는 가운데 친근한 존재라는 브랜드 이미지를 심어주었다.

애니메이션의 후반부에 '자유를 잡아라!'는 메시지가 강해질 때 컵누들에서 '자유란 무엇인가?'를 묻는 캠페인을 실시하였다. 요미우리신문사와 공동기획으로 '자유로움은 당신에게 희망인가?'라는 신문광고를 게재하여 웹상에서 투표를 실시하였다. 또한 타깃이 자주 읽는 무가지 *R25*[1]와 공동기획으로 여러 사람들이 자유에 대해 논하는 기사를 게재하였다.

이는 타깃들로 하여금 자유에 대해 다시 한 번 생각하게 하기 위해서였다.

1. *R25.* 리쿠르트가 발행하는 주간 무가지. 2004년 7월 창간. 매주 목요일에 발행되며 도쿄권역(도쿄, 카나가와, 치바, 사이타마)의 주요 철도역, 편의점, 음식점, 서점 등에서 무료 배포됨.

그림 4-3 Web 판촉, 이벤트 등의 전개

공식사이트 **'FREEDOM-PROJECT.JP'**

뚜껑 뒤 QR 코드에서 휴대폰사이트 유인

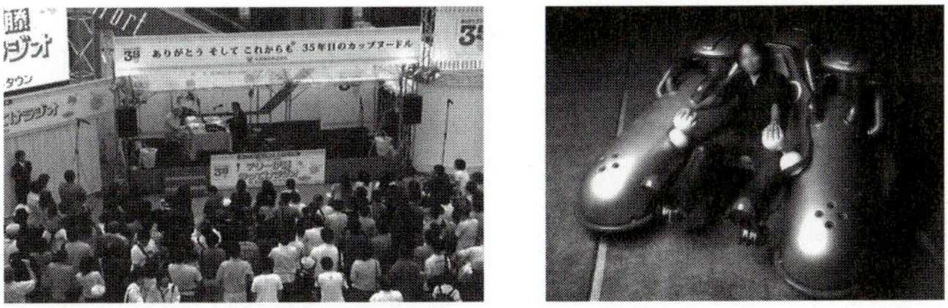

컵누들 35주년 행사(오다이바)

그림 4-4 신문광고 및 *R25*에서 기획기사

07.10.20

신문광고 '자유로움은 당신에게 희망인가?'

07.11.08

*R25*타이업기획 "'자유란 무엇인가?'를 *R25*세대들에게 물었다"

② 콘텐츠를 중심으로 DVD 판매와 동영상 다운로드 전개

TV광고 방영과 함께 약 3개월마다 DVD 발매를 병행하였다.

또한 DVD와 CD 대여 및 판매 분야의 최대기업 TSUTAYA 및 TSUTAYA RECORDS의 매장을 활용하는 공동 마케팅을 진행하였다. 컵누들 입장에서 보면 새로운 소비자와의 새로운 컨택 포인트를 창출하여 관심의 넓이를 확보한 것이었다.

Yahoo! 동영상에서는 DVD 발매에 앞서 〈FREEDOM〉 시리즈의 기간한정 다운로드 서비스를 실시하였다. 또한 이 소식을 Yahoo! 메인 로고 아래에 톱뉴스로 소개하였다. DVD의 각 스토리 발매 1주일 전에 3일 한정으로 스트리밍 서비스를 실시해 사전 신청이 평균 70만PV(Pay View)를 넘어 다시 한 번 관심의 넓이 확보에 성공했다.

이처럼 〈FREEDOM〉에 대한 관심이 고조되면서 DVD를 구매하는 행동, 즉 깊이로 이어졌다. 셀 DVD 판매는 TSUTAYA 랭킹에서 애니메이션뿐 아니라 DVD 전 장르의 주간 랭킹에서 1위를 차지하고 전체 시리즈 누계로는 45만 장을 넘는 판매를 기록하였다.

〈FREEDOM〉의 인기는 기업들의 프로젝트 공동진행 요청으로 이어졌다. 라이선스 상품으로서 청바지, T셔츠, 스케이트 보드, 손목시계, 선글라스 등이 출시되었다. 또한 소설도 출판되고 전국 각지에서 수많은 행사가 전개되었다. 소비자는 다양한 상품과 서적들, 이벤트를 통해 공감대 형성과 체험의 폭을 넓혔다. 컵누들은 광고 캠페인의 성공뿐만 아니라 새로운 비즈니스 모델도 동시에 구축한 것이다.

이 두 가지 흐름을 관심을 확보하는 넓이와 관여를 제고시키는 깊이로 보는 가로T모델에 적용시켜 전체이미지를 그려보면 그림 4-6처럼 된다.

그림 4-5 DVD판매 TSUTAYA매장의 전개

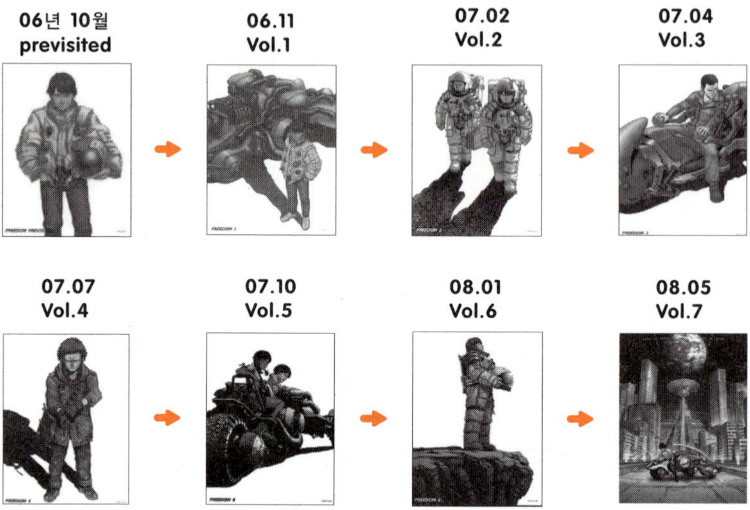

DVD시리즈 전개

TSUTAYA매장 앞 POP

그림 4-6 가로 T모델에 의한 크로스미디어 커뮤니케이션 구조

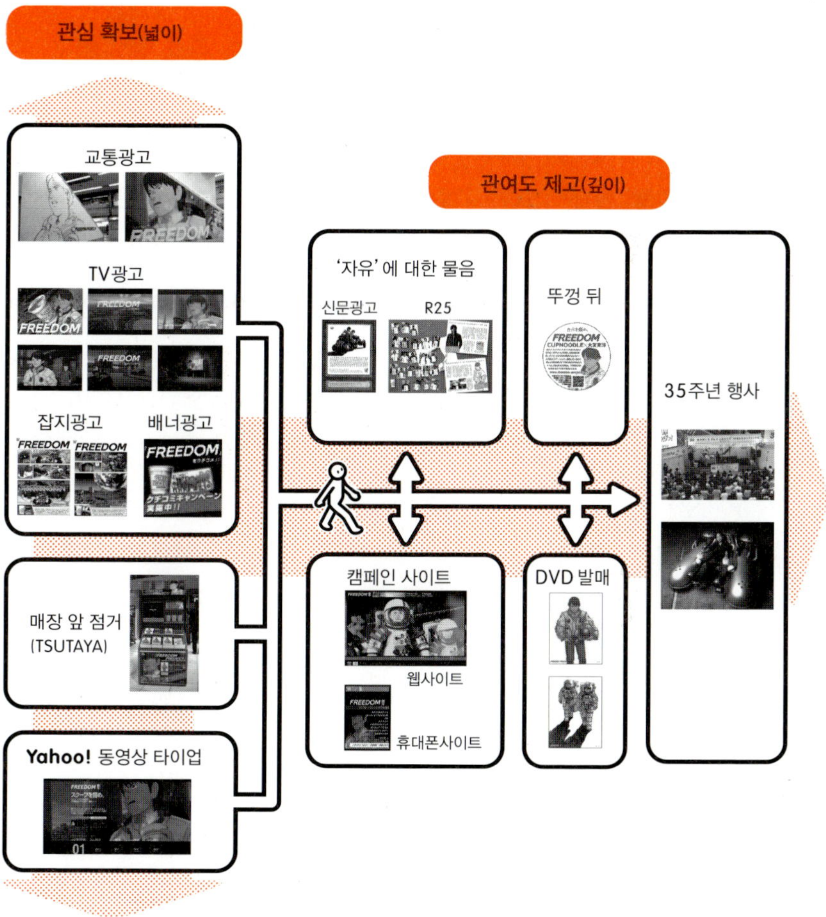

[캠페인 성과]
'항상 신선함이 느껴지고', '나에게 맞는' 브랜드로 젊은층의 마음을 잡는 데 성공

2년간의 프로젝트는 "FREEDOM 현상"이라는 일대 붐을 일으켰다.

CF가 신작으로 바뀌고 DVD가 발매될 때마다 큰 화제를 일으켜 꾸준한 이미지 변신에 성공했으며 독자적인 조사 결과에 따르면 〈FREEDOM〉에 대해 '인상 깊다', '재미있다', '수준이 높다' 등의 이미지가 강하게 부각되면서 컵누들의 상품 이미지도 '역동감이 있다', '활기를 느끼게 한다', '항상 새로움이 느껴진다', '나와 맞는다' 등 활동적인 이미지와 공감 이미지가 부각되었다. 특히 '나와 맞는다'는 브랜드 평가를 얻은 것은 향후 고객기반 확립에 있어 큰 성과였다.

이 캠페인의 포인트는 핵심 아이디어로서 컵누들의 본질적 가치인 '자유'라는 문화를 타깃들과 친화성이 뛰어난 '재패니메이션'이란 수단을 통해 전달했다는 점이다.

그리고 이를 시나리오 아이디어로 만들어 '타임라인 시나리오' 방식을 통해 지속적이며 실시간으로 타깃의 기대감을 조성했다는 점과 캠페인과 연동시킨 'DVD 판매'라는 새로운 형태의 비즈니스 모델을 만들어 낸 점에 있다.

이 〈FREEDOM-PROJECT〉는 다음과 같은 여러 상을 수상하였다.

2007년 제48회 클리오상 종합캠페인부문 은상, 콘텐츠&컨택 부문 은상. 도쿄국제애니메이션페어 2007 OVA 부문 우수작품상, 2007년도 제7회 영상기술상 애니메이션 비디오 패키지부문 기술장려상, 2008년 제11회 ADFEST 이노바 로터스 그랑프리&금상, 360° 로터스 금상.

그림 4-7 캠페인의 포인트

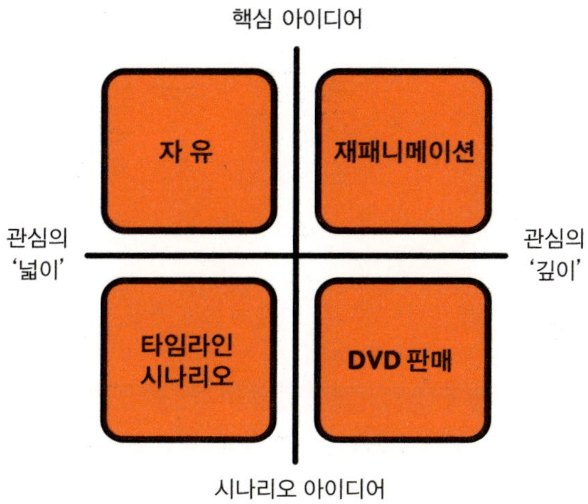

interview 03

'얼마만큼 자유롭게 발상 가능한가'가 출발점

다카마츠 사토시(高松 聡)
Creative director / ground 대표

〈FREEDOM-PROJECT〉 미션은 컵누들을 중·고·대학생들에게 자신들의 상품으로 인식하게 만드는 것

저는 캠페인 플래닝이란 클라이언트의 미션 달성을 위한 시스템 구축이라 생각합니다. 먼저 캠페인의 미션이 무엇인지에 대해 철저하게 고민합니다. 그리고 그 미션을 달성하기 위한 전략, 설계, 표현의 순서에 따라 생각합니다.

이번 〈FREEDOM-PROJECT〉의 경우 클라이언트의 오리엔테이션을 통해 세 가지 미션을 도출했습니다.

(1) 컵누들다운, 컵누들만이 할 수 있는, 스케일이 크고 보편적인 캠페인이어야 한다. (2) 판촉전개에 활용 가능해야 한다. 그리고 (3) 중·고·대학생이 컵누들과 시대를 공유할 수 있어야 한다.

이 중에서 특히 (3)의 중·고·대학생들에게 자신들의 상품이란 의식을 심어 주는 것을 최대 목표로 세웠습니다. 그런 다음에는 미션을 달성하기 위해 어떻게 하면 좋을지, 즉 전략에 대해 생각했습니다.

본격 오리지널 애니메이션으로 CF를 만들자 이를 위해서 DVD 시리즈를 제작, 판매하자

전작의 컵누들 캠페인 〈NO BORDER〉는 우주촬영까지 했습니다. 이를 잇는 신 캠페인이니만큼 스케일이 작아졌다는 인상을 주면 안 되겠죠. 애니메이션이라면 달로도 화성으로도 갈 수 있기 때문에 스토리의 스케일을 더욱 확대시킬 수 있으리라 생각했어요.

그리고 애니메이션 캐릭터만큼 판촉이용이 쉬운 것도 없죠. 게다가 CF도 싸구려 같지 않고요. 통상 판촉이용이 쉬운 CF와 광대한 스케일의 수준 높은 CF는 양립하기가 어려운데 애니메이션은 이를 모두 충족시켜 주죠. 다시 말해 앞서 말한 미션에 비추어 볼 때 (1) 스케일을 줄이지 않는다. (2) 판촉이용이 가능하다. (3) 타깃인 중·고·대학생들과 통한다. 이 세 가지 요소가 애니메이션이라면 가능했던 겁니다.

누구나 생각할 수 있는 일 같지만 지금까지 본격적인 애니메이션을 활용한 캠페인은 없었습니다. 그 이유를 조사해 보았더니 애니메이션 제작 분야의 우수한 스태프들은 1년 단위로 일을 하기 때문에 30초 CF 하나 만들기 위해서 그들을 모을 수 없다는 사실을 알게 되었습니다.

그래서 CF로 애니메이션 스태프들을 모을 수 없다면 DVD 시리즈의 제작과 판매를 위해 이들을 불러 모으자고 생각한 거죠. DVD 시리즈 제작을 위해 2년 동안 스튜디오를 설치해서 그곳에서 CF도 함께 만들자는 역발상이었습니다.

DVD 시리즈는 판매를 전제로 하였고 제작비는 판매금으로 충당하면 되기 때문에 클라이언트에게 부담을 주지 않습니다. 상품을 영화 속에 노출시키는 '프로덕트 플레이스먼트'라는 기법이 있는데 〈FREEDOM〉은 반대로 CF에서 DVD 타이틀과 등장인물들을 등장시키고 있다고도 볼 수 있죠. 클라이언트와 DVD의 출자회사 양자가 윈윈 할 수 있는 구도를 만들고 양자가 거의 같은 타이밍으로 이를 승낙해 주었기 때문에 비로소 기본전략이 완성되었습니다.

CF뿐 아니라 캠페인 전체 '구조'를 판매한다

그럼 이를 어떻게 구체적으로 설계할 것인가?

프리젠테이션 때에는 캠페인의 전체 구조를 설명했습니다. 구조 자체를 판매하겠다는 것이 저만의 독특한 방식입니다.

3천GRP(*Gross Rating Point*)를 내보내면 5천만 명에 도달되는 reach가 가장 넓은 TV광고, 2백만 명에게 전달되는 만화잡지, 백만 명이 보는 Yahoo! 동영상, 각 회마다 20만 명이 빌려 보는 DVD대여, 각 회당 5만 명이 구매하는 셀 DVD. 이 숫자가 점점 작아질수록 브랜드에 대한 연대감(*engagement*)은 오히려 올라갑니다. 마지막 5만 명은 3,990엔을 지불하고 구매하는 거니까요. 캠페인 설계 시에는 이렇게 넓고 얕은 층(*reach*)과 좁고 깊은 층(*engagement*)을 가급적 여러 층으로 조합하는 구조를 제안했습니다.

거의 모든 기획을 실행할 수 있었던 건 처음 프리젠테이션 할 때부터 클라이언트 고위층에게 이러한 구조와 요소에 대해 제대로 설명하고 제안했기 때문이라고 생각해요.

'무엇을 하면 가장 효과적인가'를 중심으로 얼마만큼 자유롭게 발상할 수 있는가

〈FREEDOM-PROJECT〉의 독특한 점은 광고와 콘텐츠의 벽을 허문 점입니다. 광고는 클라이언트가 돈을 지불하며 콘텐츠는 소비자가 돈을 지불하는 겁니다. 〈FREEDOM〉은 같은 소스에서 어떤 것은 클라이언트가 돈을 지불하는 광고의 형태로, 어떤 것은 소비자가 돈을 지불하는 콘텐츠의 형태로 제공됩니다. 〈FREEDOM-PROJECT〉는 이러한 양면성을 갖춘 대표적 사례입니다.

최근 해외의 여러 광고 관계자들로부터 얘기를 듣다 보면 모두 광고제작이라는 틀에서 자유로워지고 싶어합니다. 미션 달성을 위해서는 꼭 광고가 아니라 게임이나 DVD 제작도 좋을 겁니다. 어쩌면 옷을 만들어도 좋겠네요.

크로스미디어란 말만 들으면 여러 미디어를 다양하게 활용한다거나 같은 내용을 다른 미디어에게 적용하는 것에 그치는 듯한 인상이 있는데 크로스미디어를 하는 것 자체가 목적이 아니라 더 효과적으로 캠페인을 전개하는 것이 목적입니다. 이를 위한 획기적인 아이디어가 무엇인지가 중요한 거죠. 이 획기적 아이디어가 기존의 발상 외에서 나온다면 그건 필연 크로스미디어가 됩니다.

'무엇을 하면 가장 효과적인지'를 중심축으로 삼아 '얼마만큼 자유롭게 발상할 수 있는가'가 크로스미디어의 출발점입니다

전략과 크리에이티브의 연계

저는 기획서 첫 페이지부터 마케팅에 대해 다룹니다. 영업부에 오래 있었을 때 마케팅 일도 했기 때문에 제 스타일이 일반적이지는 않을 겁니다.

해외에서는 현재 전략 플래너가 주목받고 있습니다. 캠페인의 'WHAT TO SAY'가 무엇인지, 무엇으로 할 것인지에 대해 플래너에게 강한 발언권이 있고 신뢰도 받고 있습니다. 전략 플래너와 크리에이티브 디렉터가 함께 생각해서 캠페인의 핵심 메시지를 제시하면 스태프들이 구체안과 아이디어를 짜는 진행방식이 일반적일 것입니다. 따라서 전략 플래너가 우수하지 않으면 아무리 표현이 재미있어도 클라이언트한테 합격점을 받지 못합니다.

일본도 점차 그렇게 될 것 같은데 이를 위해서는 전략 플래너의 능력향상과 지위 제고가 수반되어야 합니다. 크리에이티브를 아는 전략 플래너를 육성해야 하고 논리가 없으면 통하지 않는 것을 아는 제작자도 육성해야 합니다. 이것이 과제입니다.

예산을 염두에 두면서 최대한의 일, 평범하지 않은 일을 생각해 낸다

저는 예산을 항상 염두에 둡니다. 예산이 적으면 적을수록 신경 쓰면서 제한된 예산으로 보통은 할 수 없는 일을 해 보려고 하죠. 예산이 얼마면 무엇을 할 수 있고 그럼 어떻게 될지를 항상 아이디어와 함께 생각하고 있습니다.

예산을 처음부터 의식하게 되면 제한된 예산 중에서 할 수 있는 최대한의 일, 혹은 보통은 생각하지 못 하는 접근방식을 모색해 보려는 적극적 동기부여가 생깁니다.

아이디어가 좁혀지니까 예산은 생각하지 말고 자유롭게 발상하자는 방식도 있지만 예산을 먼저 생각함으로써 오히려 돌파구를 찾는 경우도 있습니다.

새로운 아이디어를 실현하는 기능도 중요

기획내용을 실현하기 위한 협상도 중요합니다. 예를 들면 저는 러시아 우주청과 FIFA 등과의 어려운 계약 협상도 다른 적임자가 없어 제가 직접 했답니다.

해외 광고회사 중에는 아이디어 실행을 가능케 하는 전문부서가 있는 곳이 있습니다.

다양한 곳들과 의견을 절충하면서 어떻게든 아이디어를 실현시키는 것이 그들의 임무입니다. TV, 신문, 옥외광고 할 것 없이 또 협상 상대가 행정관청이든 경찰이든 무슨 일이 있어도 아이디어를 실현케 하는 부서입니다. 부러울 따름이죠.

새로운 일을 시작할 때 어떻게든 도와주는 사람들, 부서 혹은 회사가 있다면 크로스 미디어 일을 진행하기가 훨씬 수월할 겁니다. 좋은 사람 있으면 소개해 주세요(웃음). 영역을 초월한 프로듀서가 더 많이 배출되면 좋겠어요.

다카마츠 사토시(高松 聡)

덴츠에 입사 후 영업국을 거쳐 크리에이티브국으로 옮김. 2005년 크리에이티브 에이전시 ground를 설립.

주요 작품으로 닛싱 컵누들 〈NO BORDER〉, 〈FREEDOM〉, 〈메이지 밀크 초콜릿〉, 〈스카이 퍼펙트 TV!〉, 〈NTT레조넌트〉, 〈goo〉, 〈올림푸스 디지털 一眼〉등.

아사히 광고상, TCC상 등을 비롯하여 칸국제광고제 금상, 클리오상 그랑프리, ADFEST 그랑프리, 원쇼 금상, NYADC 금상 등을 수상.

기존 틀을 넘어선 기획으로 국제적으로도 주목받고 있다. 포카리스웨트 '우주 CF'를 위해 세계 최초로 우주정거장에서 CF를 감행. 일상적 우주 촬영을 위한 인프라 확립을 지향하여 (주) SPACE FILMS을 설립. 'NO BORDER 우주편' 제작에 성공.

4-2 KTRS 〈도둑맞은 새〉 캠페인(미국 사례)

크로스미디어 커뮤니케이션을 생각할 때 '타깃을 움직인다'는 점 때문에 '대규모로 실현하려면 예산이 많이 필요하고 시간이 오래 걸린다'고 생각하기 쉽다. 그러나 실제로는 이런 우려 없이 효과적인 커뮤니케이션을 전개할 수 있다.

여기서는 단기간, 저예산, 그리고 한정적인 미디어를 활용했음에도 불구하고 독특한 시나리오 아이디어로 매우 큰 마케팅 효과를 낳은 해외 사례가 있다. 라디오 방송국 KTRS의 〈도둑맞은 새〉 캠페인(2006년 2월 실시)이다.

[브랜드 과제]
저예산으로 방송국의 존재감을 제고시키고 싶다

미국 세인트루이스에 있는 지방 AM라디오방송국 KTRS는 청취자 확보에 고심하고 있었다. 2006년 초에 KTRS는 인기 최고의 라디오방송국 KMOX가 오랫동안 소유했던 지역 메이저리그팀 카디널스의 독점방송권을 획득하는 데에는 성공했지만 광고예산은 15만 달러(약 2억 원)에 불과했다. 적은 예산으로 방송권 획득 사실을 알리는 동시에 라디오방송국의 존재감을 드라마틱하게 부각시켜야 했다.

[핵심 아이디어]
카디널스의 '빨간 새'(홍관조)를 주목하게 만드는 사건을 일으킨다

라디오방송국 KTRS 자체가 현지 사람들에게 그다지 친숙하지 않은 상황을 고려할 때 '카디널스 방송권을 획득했다'와 같은 일반적인 정보전달로는 주목을 끌기 힘들 것이라 생각했다. 많은 청취자들의 주목을 끌기 위해서는 흥미를 유발시키는 독특한 사건을 일으키는 것이 필요했다. 그래서 나온 아이디어가 '세인트루이스 카디널스의 상징, 마스코트 "빨간 새"(홍관조)를 주목하게 만드는 사건을 일으킨다' 였다.

[시나리오 아이디어]
시간 트릭으로 새를 도둑맞는 사건을 연출하여 입소문을 창출한다

2006년 2월 6일 세인트루이스 교외 고속도로 여섯 군데에 옥외광고가 설치되었다. 전방에는 카디널스 티켓 예약에 대한 안내, 후방에는 일부러 눈에 띄지 않게 라디오방송국 KTRS의 간판이 세워졌다. 이 평범한 일상적 광경은 특별히 주목받지 못한 채 열흘 동안 계속되었다.

2월 17일. 갑자기 전방의 카디널스 간판 부분에서 마스코트 캐릭터인 빨간 새(홍관조)가 사라지는 사건이 발생했다. 새가 있었던 부분만 오려 낸 것처럼 없어진 것이다. 때마침 SNS 업계 1위인 MySpace에서 '내가 훔쳤다'고 자신을 밝히는 23세 남성의 범행성명이 발표되었고 언론이 앞다투어 이를 '미스터리한 사건'으로 크게 다루었다. 주요 방송국들은 뉴스 프로그램에서 보도하고 라디오방송국에서는 수수께끼를 둘러싸고 논쟁을 벌였고 신문사에서는 특집기사를 내보냈다. 수많은 개인

블로그에서도 이 뉴스가 회자되었다.

며칠 동안 이 화제로 떠들썩거린 후 2월 22일 다시 간판에 변화가 일어났다. 그곳에 '카디널스는 KTRS로 옮겨왔습니다'는 손으로 쓴 글씨와 함께 〈도둑맞은 새〉가 후방의 KTRS 간판에 등장한 것이다.

옥외광고 메시지를 시간경과에 따라 변화시키는 구성과 매스컴에서 보도될 것을 미리 계산한 범행성명 프로모션, 입소문을 유발하는 시간 트릭으로 사건을 '연출'해서 KTRS는 일약 주목 받는 라디오방송국이 되었다.

[캠페인 성과]
놀라움과 유머를 통해 인기 있는 라디오방송국으로

'도대체 누가 이런 짓을…?' 수수께끼 같았는데 알고 보니 '메이저리그 방송권 안내였구나' 하며 유머감각 있는 라디오방송국에 많은 사람들이 관심을 갖게 되었다.

약 2주 동안의 짧은 기간이었지만 이 캠페인은 세인트루이스 온 지역 주민들의 이슈가 되었다. 15만 달러라는 저예산으로 전개했음에도 불구하고 이를 훨씬 상회하는 경이적인 미디어 노출효과가 있었다.

또한 라디오 청취율이 19위에서 5위로 급상승하여 극적으로 존재감을 제고시켰으며 카디널스의 티켓판매도 호조세를 보였다고 한다.

이 캠페인의 포인트는 카디널스의 상징인 '누구나 친근감을 갖는 빨간 마스코트 캐릭터'가 갑자기 사라지면 어떻게 될까 하는 '약간의 장난기 섞인 의도'로 설계된 점에 있었다. 관심 없는 사람들의 이목을 집중시키기 위해 의도적으로 사건을 만든 다소 막무가내식 방법이긴 했지만

그림 4-8 KTRS 〈도둑 맞은 새〉 캠페인

2006년 2월 6일

세인트루이스 교외 여섯 군데에
전방에는 카디널스의 티켓예약 안내가,
후방에는 일부러 눈에 띄지 않게
KTRS 간판이 있다.

2월 17일

돌연 카디널스 간판에서
마스코트 캐릭터 부분이 사라졌다.

2월 18일 ~ 21일

SNS My Space에 '내가 훔쳤다'는
범행성명이 게재.
매스컴은 이를 미스터리한 사건으로 크게 보도했다.

2월 22일

〈도둑 맞은 새〉가 후방의 KTRS간판에 등장

카디널스는 KTRS로 옮겨왔습니다

옥외광고라는 하나의 컨택 포인트를 토대로 시간의 경과에 따라 사람들의 관심을 간판, 매스컴, 웹으로 계속해서 옮겨가는 도선 시스템이 특징적이었다.

단순히 옥외광고의 도달과 빈도(*reach & frequency*)라는 관점에서 본다면 이 캠페인은 성공할 수 없는 캠페인이었다. 그러나 이 시대는 매스컴과 인터넷 등을 통해 입소문이 퍼지므로 더 이상 도달효과라는 관점만으로 캠페인의 성공여부를 판가름할 수는 없다. 실제로 그 컨택 포인트에 직접 접촉하는 사람만이 타깃이 아니라 그 이후에 2차, 3차로 접촉하는 사람들도 타깃이 되는 시대임을 시사하고 있다. 그런 의미에서는 입소문이나 PR이 효과적 수단이 될 수 있다는 것을 뜻하지만 무엇보다도 소비자의 마음을 사로잡는 시나리오 아이디어 설계의 중요성을 다시금 일깨워 주는 사례라고 할 수 있다.

이 〈도둑맞은 새〉 캠페인은 2007년 미국 REGGIE AWARDS(미국 프로모션업계 단체인 Promotion Marketing Association이 해마다 실시하는 Promotion of the Year)의 local/regional market promotion(예산 100만 달러 이하) 부문에서 금상을 수상하였으며 동시에 전부문의 그랑프리에 해당하는 'Super REGGIE'를 수상하였다.

4-3 도요타자동차 〈내일의 하모니〉 캠페인

크로스미디어는 상품과 서비스의 단기적 매출 확대에 기여하는 판촉커뮤니케이션일 뿐 아니라 중장기적으로 소비자와 관계를 맺고 기업브랜드를 구축하는 브랜드 커뮤니케이션으로도 전개된다.

여기서는 CSR(기업의 사회적 책임)이라는 언뜻 보기에 왠지 어렵고 생소한 주제임에도 불구하고 세대를 넘어 폭 넓은 관심을 모으는 일에 성공한 시나리오 아이디어 사례가 있다. 도요타자동차의 〈내일의 하모니〉 캠페인(2007년 6월부터 전개)이다.

[브랜드 과제]
CSR에 임하는 도요타자동차의 기업철학을 소비자에게 알리고 싶다

최근 기업의 사회적 책임이 다양한 측면에서 중시되고 있다. 또한 지속 가능한 미래를 구축한다는 관점에서 기업이 자발적으로 해야 할 역할에 대한 기대 또한 커지고 있다. 이러한 가운데 도요타자동차는 책임의식 있는 기업으로서 사회적 기대에 부응하기 위해 실시하고 있는 CSR 활동의 내용을 제대로 알려야 된다고 생각했다. 이때 CSR 활동내용뿐 아니라 '소비자와 함께 환경과 사회적 과제에 대응한다'는 기업철학을 어떻게 하면 잘 알릴 수 있을지를 고민하였다.

[핵심 아이디어]
제3자의 관점에서 도요타의 활동과 소비자의 일상을 연결

기업이 소비자에게 자사의 CSR 활동을 스스로 드러내고 알리는 방식은 일방적인 커뮤니케이션으로 그치고 마는 경향이 있다. 소비자가 도요타를 '좋은 미래로 나아가는 파트너'로 인식하기 위해서는 화법을 바꾸는 방법이 좋은 해결책이라 생각했다.

제3자가 도요타의 활동을 알리고 소비자의 시각에서 정보를 전달하는 것은 어떨까? 그렇다면 여기에는 일방적인 정보전달이 아니라 소비자가 기업과 함께 환경과 사회에 대해 생각할 수 있는 커뮤니케이션이 전제되어야 한다.

이런 발상에서 '제3자인 편집부에 의한 취재'라는 화법이 전개되었다.

[시나리오 아이디어]
'편집부'가 대중광고를 통해 웹 매거진으로 유인하다

2007년 6월, 소비자와 함께 미래를 생각하는 가상 '편집부'가 탄생하였다. 탤런트 타모리(タモリ)가 편집장이고 이시하라 사토미(石原さとみ), 카츠마타 쿠니카즈(勝俣州和), 이시하라 요시즈미(石原良純), 마츠모토 레이지(松本零士), 토모치카(友近) 등 소비자층에 맞추어 폭 넓은 세대의 탤런트들이 편집부원으로 등장하였다.

이들은 소비자 시각에서 도요타의 사회공헌 활동을 바라보는데 이 모습은 TV광고를 중심으로 전개되었다. 그리고 잡지광고에서도 TV광고와는 다른 다양한 환경 및 사회공헌활동을 소개하면서 캠페인의 넓이를 넓혀갔다. 모든 광고는 편집부원들이 소비자와 같은 눈높이에서 소개한 것이며 소비자는 이들 광고를 접하면서 자연스럽게 도요타의 사회공헌 활동에 관심을 갖게 되는 것이다.

이러한 소비자의 관심을 뒷받침해 주는 것이 웹 매거진 〈내일의 하모니〉이다. 웹사이트이지만 잡지 방식으로 구성하여 소비자가 가볍게 페

그림 4-9 도요타 자동차 〈내일의 하모니〉 캠페인

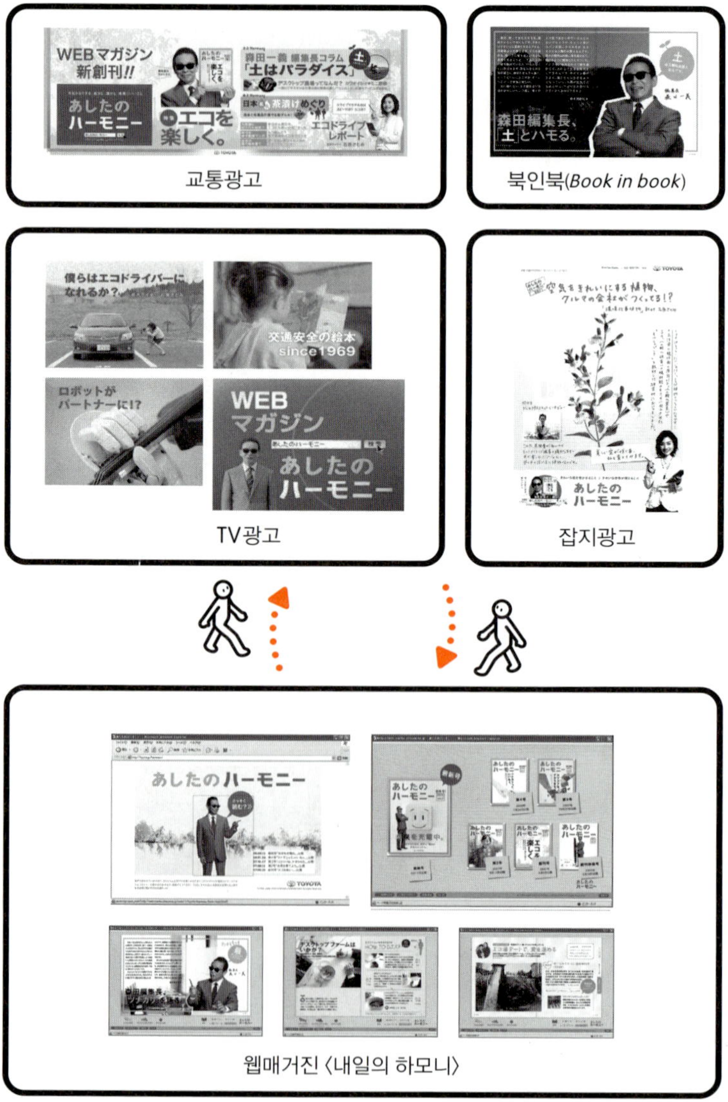

이지를 넘기는 감각으로 접할 수 있는 시스템이다. '오늘부터 할 수 있어. 나와 당신과 미래를 위한 일'을 콘셉트로 지금 바로 실천할 수 있는 친환경 활동이나 사람들에게 활력을 주는 소소한 활동들을 소개하는 즐거운 내용이다. 타이틀을 소개하자면 '책상 위에서도 야채를 키울 수 있는 책상 위 농장', '전국의 네트워크 명소 소개', '작심삼일을 극복하자'… 등이다.

또한 텍스트뿐 아니라 플래시 동영상으로 보는 아름다운 영상, 그리고 각 페이지마다 댓글을 달 수 있게 해서 다른 독자들의 댓글을 서로 볼 수 있는 등 자유로운 참여와 양방향성을 부여했다. 〈내일의 하모니〉를 계속 읽을수록 소비자는 이 친근한 잡지를 통해 우리 사회를 위해 내가 할 수 있는 일들에 대해 생각하고, 그 활동을 확산시키며, 도요타의 사회공헌활동에도 공감하게 된다. 창간 준비호를 통해 〈내일의 하모니〉를 선언한 후에 제1호 '친환경활동을 즐겁게', 제2호 '미래를 키우자', 제3호 '꾸준함이 힘이다', 제4회 '네트워크는 참 좋아', 최종호 '미래를 충전중'에 이르기까지 웹 매거진은 지속적으로 정보를 제공하였다.

TV광고, 웹매거진, 잡지광고, 교통광고를 비롯하여 웹 매거진 다이제스트판을 북인북 형태로 만들어 각종 잡지에 배포했다.

[캠페인 효과]
폭 넓은 층에서 '호의'와 '공감' 형성

캠페인 전개 후 도요타자동차의 팬뿐 아니라 세대를 불문하고 폭 넓은 층으로부터 호평을 받았다. "사회와 환경에 좋은 소소한 일들을 시작하고픈 마음이 생겼다", "남의 일처럼 생각했던 환경문제를 나 자신의 일로 생각하게 되었다"는 등의 반응을 들을 수 있었다. 광고효과 조사결과도 '호의', '공감' 항목에서 높은 평가를 받았다.

이 캠페인의 포인트는 '제3자인 편집부에 의한 취재'라는 화법을 통해 기업과 소비자가 같은 눈높이에서 함께 사회와 미래를 내다보는 커뮤니케이션이 가능했다는 점에 있다. 또한 양방향성이 강해 풍부한 표현이 가능한 웹매거진을 중심으로 캠페인을 전개하여 기업의 CSR 활동을 꼼꼼하고 친근하게 그리는 데 성공한 점을 들 수 있다.

TV광고를 첫 계기로 만들어 웹매거진으로 유도한다는 미디어 스플릿형(*media split type*) 시나리오 아이디어가 효과를 거둔 사례이다.

〈내일의 하모니〉 캠페인은 2007년도 제11회 일본 문화청 미디어예술제에서 엔터테인먼트 부문 심사위원회 추천작품으로 입상하였다.

interview 04

미디어뿐 아니라 크리에이티브도 크로스시킨다

히라야마 코지(平山 浩司)
덴츠 Communication Design Center, Senior Creative Director

TV광고와 웹 매거진이 상호보완적 역할을 한 〈내일의 하모니〉

클라이언트로부터 'CSR 활동을 외부에 알리고 싶다', 그리고 '도요타 팬 이외의 관심도 모으고 싶다'는 요청이 왔습니다. 기업의 사회공헌활동은 예전에는 드러내지 않는 것이 미덕이라고 여겨졌지만 현대는 오히려 드러내는 것이 미덕인 시대입니다. 즉, 사회를 위해 좋은 일을 하는 것뿐 아니라 그 활동을 알리는 것도 소비자와 주주를 비롯하여 사회의 도움이 된다는 인식으로 변했다는 뜻이죠.

하지만 이런 활동은 일반적인 정보 전달로는 사람들이 별로 관심을 보이지 않습니다. 그래서 기존의 기업광고 스타일—도요타자동차가 도요타 활동에 대해 말하는—을 배제했습니다. 그리고 제3자를 두어 가급적 중립적 시각에서 대화를 끌고 나가려고 했습니다.

구체적으로는 타모리 씨를 편집장으로 한 가상의 편집부를 만들어서 웹상에 잡지를 전개하였습니다. TV광고에서는 도요타 활동을 중심으로 다루고 이를 계기로 웹으로 유인해서 사람들이 평소부터 관심이 있는, 이를테면 친환경 정보 등을 접할 수 있는 형태를 취했습니다. TV광고에서 보여 준 '도요타 활동'도 다루고 있지만 '기업의 홍보활동'이라는 요소가 너무 전면에 나오지 않도록 독자적으로 취재한 내용이 대부분이었습니다.

결과적으로 웹매거진과 TV광고는 서로 상호 보완적인 역할을 했습니다. TV광고는 많은 사람들의 관심을 유발시키는 데는 유용하지만 그것만으로는 광고모델을 위한 광고로 끝나고 맙니다. 웹매거진을 함께 전개함으로써 정말 제3자적인 입장을 고수할 수 있었던 것이죠.

실제로 조사해 본 결과 TV광고와 웹매거진 양쪽에 접한 사람들의 태도 변화가 컸다는 것을 알 수 있습니다.

또한 일반적으로 친환경을 주제로 하면 엔터테인먼트성을 부각시키기 어렵다는 점도 있어 지나치게 고상해서 지루해지지 않도록 세심한 주의를 기울였어요.

연동형 광고 및 캠페인은 윈윈의 관계구축이 중요

현재 아사히카세이(旭化成)의 기업광고 〈어제까지 세상에 없었던 것을〉을 진행하고 있습니다. 광고 전개 시 세부전략으로 후지TV 월요일 9시 드라마 〈갈릴레오〉와 공동광고가 탄생했습니다. 이 프로젝트는 TV프로그램과 TV광고를 크로스미디어 하는 것입니다.

프로그램과 상품을 연동시킬 경우, PPL(프로덕트 플레이스먼트) 성격을 띤 것은 기존에도 있었지만 〈갈릴레오〉의 경우 기업 메시지와 드라마가 제휴한다는 점에서는 최초의 시도입니다.

이것이 실현가능했던 것은 클라이언트, 방송국, 탤런트 삼자간의 윈윈 관계를 형성할 수 있었기 때문입니다. 클라이언트 입장에서는 TV프로그램의 힘을 빌릴 수 있어 좋고, 드라마 측은 사전에 CF를 통해 노출되므로 프로그램 홍보가 되고, 탤런트 입장에서도 출연하는 드라마가 홍보된다는 삼자 저마다의 이점이 있었던 것이죠. 따라서 당사자들이 하나가 되어 상호협력해서 성공적으로 진행시킬 수 있었습니다.

이처럼 연동형 광고와 캠페인을 성공시키기 위해서는 윈윈 관계를 구축하는 것이 중요합니다.

크리에이티브도 '크로스'시켜 시너지 효과를 일으킨다

크로스미디어 시대의 플래닝에 대해서 느낀 점인데 유명한 기존 콘텐츠에 의지한 플래닝은 크리에이티브가 아니라 영업적이며 세일즈 프로모션에 기댄 방식이라 생각해요.

또 크로스미디어를 표방하면서도 실제로는 매장이나 웹 등도 포함한 미디어믹스에 불과하다는 사례가 종종 있습니다.

같은 크리에이티브를 복수 미디어에서 전개하는 것만이 크로스미디어가 아닙니다. 미디어뿐 아니라 크리에이티브도 '크로스'시키는 것, 즉 시너지 효과를 발휘하는 것이 중요합니다. 기본구성은 탄탄해도 가장 중요한 크리에이티브가 크로스되지 않은 크로스미디어는 효과가 약할 수밖에 없죠. 크리에이티브 담당자들은 이런 점들도 감안하여 자신의 힘으로 발상하는 힘이 필요합니다.

또한 양적 성과를 소홀히 하지 않는 것도 중요한 것 같습니다. 새로운 일을 시작하는 것도 중요하지만 "인터넷에서 이런 전개를 했다", "모바일에서 이런 일을 했다"만으로 평가하면 실제로 어느 정도 효과가 있었는지 가장 중요한 부분이 소홀해집니다. 매스미디어도 모두 포함해서 종합적으로 얼마나 많은 사람들의 관심을 끌고 매료시켰는지를 중시하는 사고방식이 필요합니다.

광고를 표현하는 더 많은 형용사가 있어도 좋겠다

앞으로 크리에이터들에게 필요한 점은 '광고에서 벗어나 발상한다'는 점입니다. 예를 들면 TV광고는 '탤런트가 출연해서 미니드라마로 전개된다'는 고정관념을 갖기 쉽습니다. 하지만 기존의 광고에 얽매이게 되면 다양함이 사라집니다. 현재 광고를 형용하는 단어는 '재미있다', '신선하다'는 말밖에 없는 것 같은데 광고를 표현하는 더 많은 형용사가 있어도 좋지 않을까요?

히라야마 코지(平山 浩司)
1986년 덴츠 입사. 영업국을 거쳐 88년 부서이동 시험을 거쳐 크리에이티브국으로 옮김. 이후 카피라이터, 크리에이티브 디렉터로서 활약.
기존 미디어, 표현의 틀에 얽매이지 않는 폭 넓은 크리에이티브의 모습을 보여주고 있다.
주요 광고로는 아사히카세이 〈어제까지 세상에 없었던 것을〉시리즈(아사히광고상 최고상, 마이니치광고상 최고상, 닛케이광고상 최고상, 후지산케이그룹광고상 신문최고상, TCC상, ADC상, 신문광고덴츠상 외), 히타치제작소 'Next MADE IN JAPAN'(준(準) 아사히광고상, ACC부문상) 등이 있다. 기타 뉴욕 페스티벌 금상, 신문협회상 최고상, 소비자에게 도움이 된 광고상 등 다수 수상.

4-4 단편 시나리오 사례

시나리오 아이디어에는 '장편 시나리오'와 '단편 시나리오'의 두 가지 타입이 있다.

장편 시나리오는 하나의 캠페인을 통해 전체적으로 설계하는 것으로서 앞에서 소개한 3가지 사례가 여기에 해당된다.

한편 단편 시나리오는 어느 특정 목적을 달성하기 위해 특정 타깃을 대상으로 비교적 단기간에 전개하는 한정적이며 개별적인 시나리오이다.

단편 시나리오를 전개하는 경우는 다음 두 가지이다.

① 개별적으로 단편 시나리오를 전개한다

장편 시나리오의 흐름에서 벗어나 독자적으로 전개하는 개념이다. 개별적으로 단편 시나리오를 준비하면 브랜드 사용층 확보에 도움이 된다. 예를 들면 메인 캠페인은 1년 동안 복수 미디어를 통해 브랜드 이미지를 제고하는 한편 이 흐름과는 별도로 한 달 한정으로 라디오와 웹을 연동시켜 판촉으로 연결한다.

② 캠페인의 한 부분으로서 단편 시나리오를 전개한다

장편 시나리오를 캠페인의 '전체'로 봤을 때 그 흐름의 한 '부분'으로서 단편 시나리오를 전개하는 개념이다. 예를 들어 주요 구매층을 대상으로 구매 환기 캠페인을 전개할 때 구매에 영향을 미치는 주변 사람들(예를 들어 가족 등)을 타깃으로 주요 구매층에게 입소문을 내게 하는 추천

권장형 시나리오를 준비하는 것 등이 여기에 해당한다.

단편 시나리오는 대부분 미디어 특성을 최대한 살리면서 전개하지만 타깃의 마음을 사로잡기 위해서는 장편 시나리오와 마찬가지로 컨택 포인트, 메시지, 심리적 접근에 대한 검토가 필요하다.

여기서는 다음에 소개한 두 가지에 대해 구체적 사례를 통해 살펴보겠다.

개별 전개의 단편 시나리오 사례:
일본 코카콜라 〈소켄비차 Beautiful Story~내일까지의 거리〉

〈소켄비차(爽健美茶) Beautiful Story~내일까지의 거리〉는 일본 코카콜라사가 2005년에 실시한 드라마 연동형 단편 시나리오이다.

'내면부터 아름답게'가 브랜드 콘셉트인 소켄비차. 2005년에 광고 10주년을 맞이하면서 메인 판촉 캠페인과는 별도로 소비자가 이 콘셉트에 공감하고 수용하는 기회를 새로운 방식으로 창출해서 '브랜드 이미지의 침투'를 도모하고자 했다.

나오키상 수상작가이자 소설가, 수필가로도 활약중인 유이카와 케이(唯川惠)를 작가로 기용하여 *CREA*, *FRaU* 두 잡지에 석 달 동안 각각 개별적으로 신작소설을 연재하는 방식을 취했다.

소켄비차 상품에 대한 광고 노출은 삼가고 이 연재소설의 스폰서라는 형태를 취했다. 지나치게 주장하지 않고 자연스럽게 브랜드 이미지를 알리기 위해서였다.

소설 주제는 '내 안의 진정한 아름다움'이다. 타깃층과 동 세대인 27

세의 두 여주인공의 스토리가 두 잡지 *CREA*와 *FRaU*에서 각각 진행되었다. 각각이 그려 나가는 '이상적인 나'와의 갭, 일에 대해 고민하고 사랑에 상처받고 어딘가로 도망가 버리고 싶은 그런 흔들리는 마음을 그렸다.

그리고 마지막에는 이 두 개의 스토리가 하나가 되어 두 주인공의 인생이 TV 드라마(TBS 드라마 〈27살의 여름방학〉)에서 교차돼 전개된다.

또한 사이드 프로그램으로서 잡지 〈다빈치〉(*Da Vinci*)에 실린 작가 유이카와 케이의 인터뷰 기사와 '내 안의 Beautiful을 발견'하기 위한 서적 소개 등도 같은 시기에 전개했다. 또 연재소설을 놓친 타깃이 언제든 읽을 수 있도록 yahoo!의 타이업 페이지에 과거 게재분을 수시로 업로드하는 등 브랜드를 체험할 수 있는 컨택 포인트를 곳곳에 연동시켜 마련하였다.

결국 이 단기 캠페인은 같은 세대 많은 여성들의 공감을 불러 일으켰으며 동시에 소켄비차의 새로운 팬층을 확보하는 데에도 성공하였다.

이 시나리오의 포인트는 잡지 연재를 중심으로 미디어의 복합적 연계를 통해 관심을 유발하는 구조에 있다. 평범한 광고 메시지로는 관심을 보이지 않는 사람들도 자신이 감정이입할 수 있는 스토리를 통해 결말로 갈수록 관심과 공감이 커진다. 또한 도선을 따라 새로운 정보에 접할 수 있어 브랜드 이미지를 석 달 이상 반복적으로 체험할 수 있게 하였다.

한 부분으로서의 단편 시나리오 사례:
JR동일본(東日本) 〈모바일 Suica〉 게임 유저 확보 캠페인

다음은 가입계약 촉진을 위한 장편 시나리오 흐름의 하나로서 휴대폰 게

그림 4-10 일본 코카콜라 〈소켄비차(爽健美茶) Beautiful Story~내일까지의 거리〉

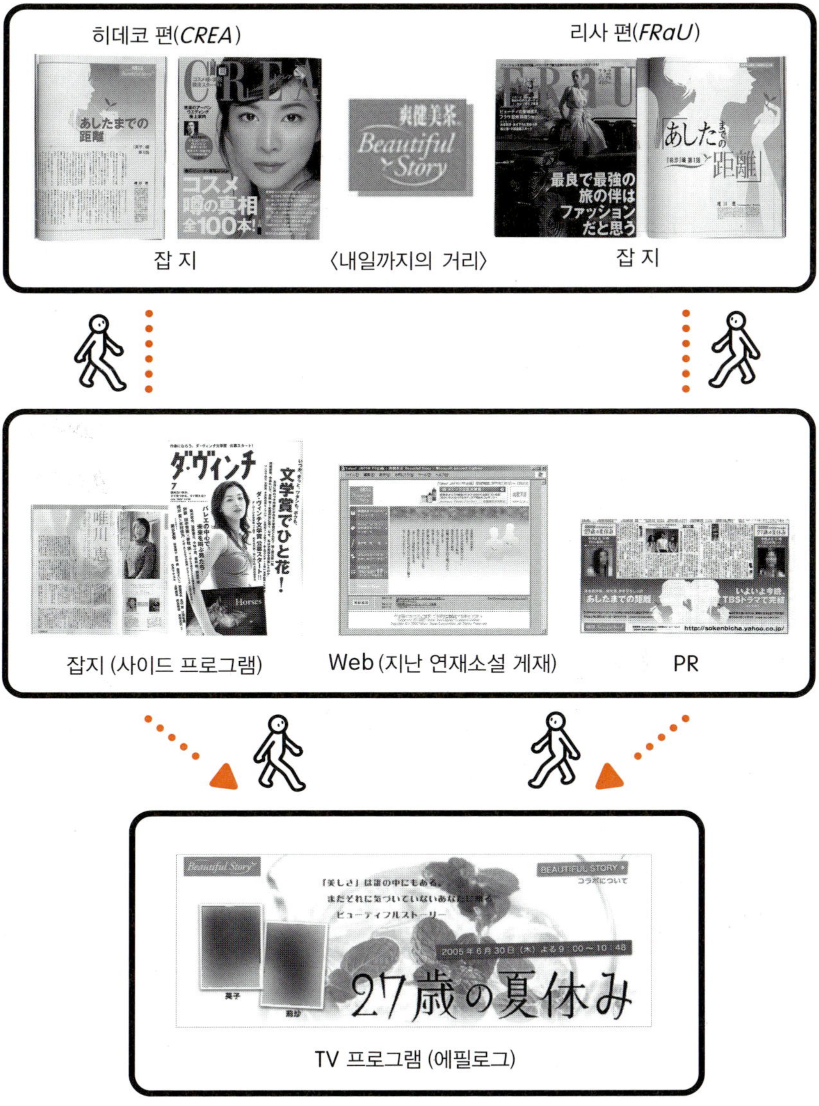

임을 잘 활용한 JR 동일본의 〈모바일 Suica〉의 단편 시나리오 사례이다.

2006년, JR 동일본에서 〈모바일 Suica〉서비스가 시작되었다. 〈모바일 Suica〉란 휴대폰의 어플리케이션 소프트웨어로서 휴대폰 하나로 대중교통수단을 이용할 수 있고 쇼핑도 가능하고 티켓도 구입할 수 있는 기능이다.

JR 동일본은 유력한 잠재고객인 휴대폰 이용자의 가입계약 촉진을 도모하고자 다양한 측면에서 고객 확보 기회를 검토하고 있었다. 그중에서도 휴대폰 콘텐츠에 주목하였다. 휴대폰 게임은 성별과 연령을 불문하고 큰 인기가 있는데다 시간과 장소에 얽매이지 않고 이용되기 때문이다.

따라서 전체 캠페인 흐름의 하나로서 전용 휴대폰 게임을 제작하여 게임 유저들의 관심을 얻기 위한 캠페인을 전개하였다.

유저는 두 개의 게임을 즐길 수 있는데 둘 다 Suica의 펭귄 캐릭터에 초점을 맞춘 것이다. 하나는 '펭귄 리버시'라는 오델로 게임. 다른 하나는 TV광고 음악에 맞춰 펭귄에게 기타 연주를 시키는 이른바 '음악 게임'이다.

게임을 즐기고 싶은 것이 강한 동기부여가 되고 결과적으로 게임을 즐기면서 자연스럽게 친근감을 느끼게 된다. 게임을 즐긴 다음에 '모바일 Suica'에 흥미를 가진 경우에는 링크를 통해 기업 사이트로 이동할 수 있다. 그곳에서 더 심도 있는 정보를 제공하여 관련 어플리케이션의 다운로드와 실제 계약절차 등 유저의 행동으로 이어지는 시스템이 구축되었다.

이 전개를 통해 다수의 휴대폰 이용자의 관심을 얻었고 실제로 〈모바일 Suica〉 계약 가입이 촉진되었다.

이 캠페인의 성공 포인트는 두 가지이다.

그림 4-11 JR동일본(東日本) 〈모바일 Suica〉 게임 유저 확보 캠페인

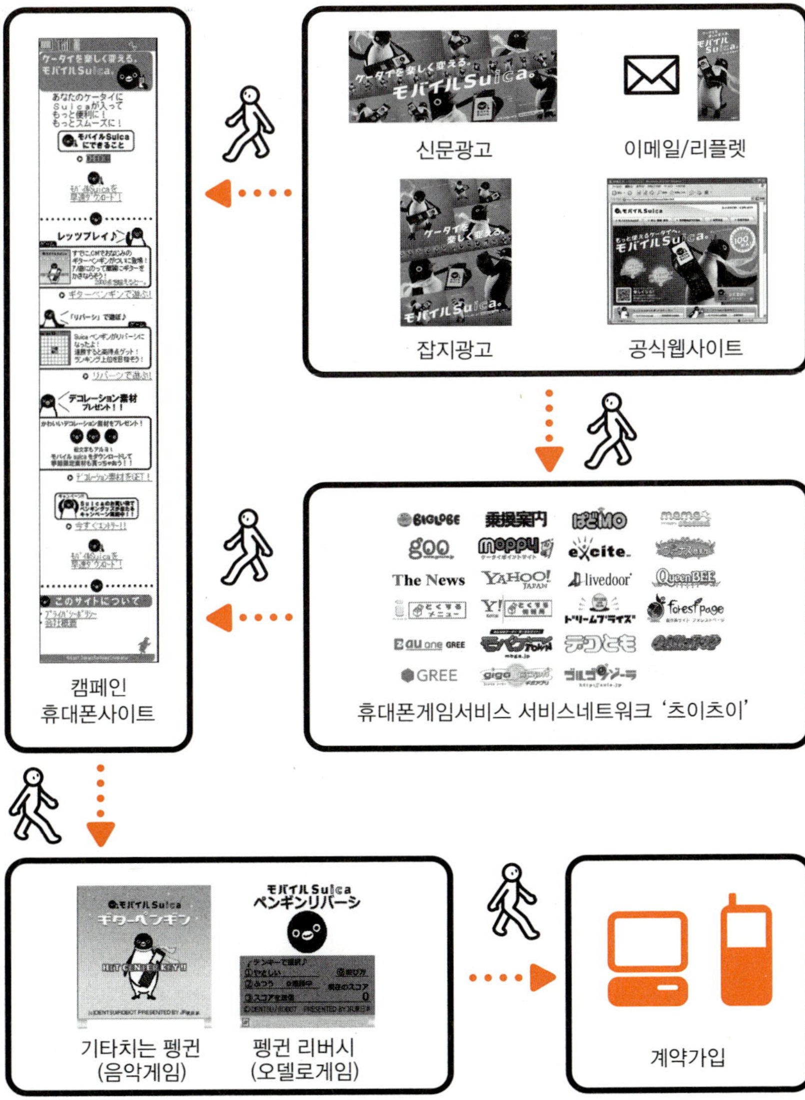

첫 번째로 타깃이 처음 접근할 때의 심리적 경계심을 없애서 계약자를 순조롭게 확보할 수 있었던 점이다.

휴대폰 게임의 마케팅 활용방식은 기존에도 있었다. 다만 기존에는 클라이언트 사이트에 한 번 접속하고 나서 다운로드할 수 있었다. 이런 방식이라면 브랜드와 어느 정도 친숙한 유저들만 확보할 수 있다. 〈모바일 Suica〉 사례는 복수의 휴대폰사이트를 거대한 네트워크로 연결해서 통합적 휴대전화 게임 다운로드 서비스를 실시하는 덴츠의 독자적인 서비스 '츠이츠이'(역주: '나도 모르게, 저절로'의 뜻)를 이용해 게임을 원하는 사람들은 어느 사이트에서도 손쉽게 접속할 수 있는 시스템을 만들어 편안하게 다가갈 수 있게 하였다. 이 츠이츠이는 오리지널 게임을 개발할 수도 있고 여러 게임 템플릿으로부터 자사 브랜드나 광고 메시지에 맞는 것을 선택하여 커스터마이징할 수도 있다.

두 번째로 타깃을 움직이는 절묘한 도선을 만들었다는 점이다.

신문, 잡지의 매스미디어 광고뿐 아니라 웹사이트, 메일, 리플렛 등을 통해 매력적인 게임 콘텐츠로 유인한다. 그리고 실제 게임을 통해 관여도를 제고시키고 관심을 가진 이용자가 클라이언트 사이트로 접속해서 정보수집과 계약으로 이어지게 하였다.

타깃 관점에서 다음 행동을 유발시키는 도선을 만든 것이 커다란 성공으로 이어졌다.

제5장
자, 이제 크로스미디어 커뮤니케이션을 디자인하자

크로스미디어의 시나리오 설계는 어떤 순서와 방법으로 진행해야 하는가?

제5장에서는 실제로 크로스미디어 커뮤니케이션을 실천할 때 활용하는 플래닝 프로세스에 대해 소개하겠다. 또한 덴츠 오리지널의 9가지 '방법'과 '도구'를 사용한 시나리오 아이디어 발상법, 과학적인 시나리오 설계방법과 효과검증 방법 등을 처음으로 공개한다.

이들을 참고하면 플래닝과 효과검증의 기본 노하우를 익히고 크로스미디어 커뮤니케이션을 스스로 디자인할 수 있게 될 것이다.

5-1 크로스미디어 커뮤니케이션을 실천하기 위해서는?

크로스미디어 커뮤니케이션을 실천하기 위해서는 앞서 말한 것처럼 '타깃을 움직이기 위한 시나리오 설계'가 중요하다.

그럼 기존의 플래닝 과정에 이 시나리오 설계 관점을 더하기 위해서는 어떻게 하면 좋을까?

기존 플래닝에 시나리오 설계 관점을 추가한다

어느 자동차 브랜드의 풀모델 체인지(*full model change*) 시의 종합적 캠페인 플래닝 과정을 예로 보자.

(1) 시장과 사회 환경, 자사와 경쟁 브랜드, 소비자를 분석한다
(2) 커뮤니케이션 타깃과 목표를 설정한다
(3) 그 자동차가 타깃에게 주는 본질적 가치를 명확하게 하여 캠페인의 핵심 아이디어를 창출한다
(4) 그 핵심 아이디어에 맞는 광고 표현안을 제작한다
(5) 광고 표현에 맞추어 매스미디어 광고, SP, PR, 이벤트, 인터랙티브 등을 병행하여 기획한다

일반적인 플래닝에서는 대부분 (4)와 (5)처럼 매스미디어 광고의 제작물을 결정한 후 이와 병행하는 형태로 SP, PR, 이벤트, 인터랙티브 등으

로 확장하는 경우가 많다. 그런데 이런 식으로 플래닝을 진행할 경우 관련 팀 멤버 모두가 시너지 효과를 낼 수 있도록 하려면 대단히 많은 노력이 필요하다.

그러나 (3)과 (4) 사이에 '시나리오 아이디어를 발상하는 프로세스'를 도입하면 일의 진행방식이 조금 달라진다. 구체적으로는 광고, PR, SP, 이벤트, 인터랙티브 등과 같은 다양한 커뮤니케이션 방법의 틀을 넘어 소비자 입장에서 효과적인 아이디어가 무엇인지를 생각하게 된다. 그 결과 (4)와 (5)의 프로세스가 일체화되어 더욱 효과적인 캠페인 연동을 기대할 수 있다.

시나리오 아이디어를 축으로 한 플래닝 프로세스를 활용한다

그럼 기존 방식에 얽매이지 않고 크로스미디어 커뮤니케이션을 플래닝하기 위해서는 구체적으로 어떻게 진행하면 될까.

효과적인 업무 진행방식으로서 우리 경험을 토대로 작성한 크로스미디어 커뮤니케이션의 플래닝 프로세스를 소개하겠다. 이는 '크로스미디어 개발 프로젝트 팀'의 노하우뿐 아니라 현장에서 많은 성공 사례를 만든 플래너들의 의견을 반영해서 형태화한 것이다.

이 프로세스는 플래닝 요소를 크게 7가지로 분류한다. 또한 기획 입안뿐 아니라 실시, 성과평가에 이르는 PDCA(*Plan · Do · Check · Action*) 흐름을 포함하고 있다.

각 프로세스를 한마디로 요약하자면 다음과 같다.

(1) **인사이트 & 전략** 아이디어 발상을 위한 인사이트(깊은 통찰)의 기본이 되는 커뮤니케이션 전략(목표로 하는 타깃 규정, 커뮤니케이션 목표설정 등) 입안

(2) **핵심 아이디어** 커뮤니케이션 전체를 관통하는 캠페인의 핵심이 되는 아이디어 발상

(3) **시나리오 아이디어** 핵심 아이디어 실현을 위한 시스템에 관한 아이디어 발상

(4) **홀리스틱 크리에이티브** 시나리오 전체를 관통하는 크리에이티브 제작

(5) **구조설계** 기획의 실증적 및 양적 설계

(6) **협상 & 실시** 매체사와 협력사와의 협상 및 조정

(7) **성과평가** 효과의 검증 및 다음 기획을 위한 피드백

① 인사이트 & 전략에 미디어 인사이트 관점을 추가한다

인사이트는 타깃, 클라이언트, 사회, 미디어 등 4가지 관점에서 살펴보아야 한다. 크로스미디어의 시나리오 발상을 위해서는 이 중에서도 특히 소비자와 미디어의 연관성과 새로운 미디어 및 기술에 대한 지식 등 미디어 인사이트의 관점을 잊어서는 안 된다.

물론 커뮤니케이션 전략의 기본이 되는 타기팅과 목표설정도 크로스미디어 커뮤니케이션에 있어서도 중요한 프로세스이다.

② 핵심 아이디어에 시나리오 아이디어를 더해 발상한다

크로스미디어 커뮤니케이션 전체를 관통하는 아이디어로서 핵심 아이디어와 이를 실현하기 위한 시나리오 아이디어, 일련의 흐름에서 이 두

그림 5-1 크로스미디어 커뮤니케이션의 플래닝 프로세스

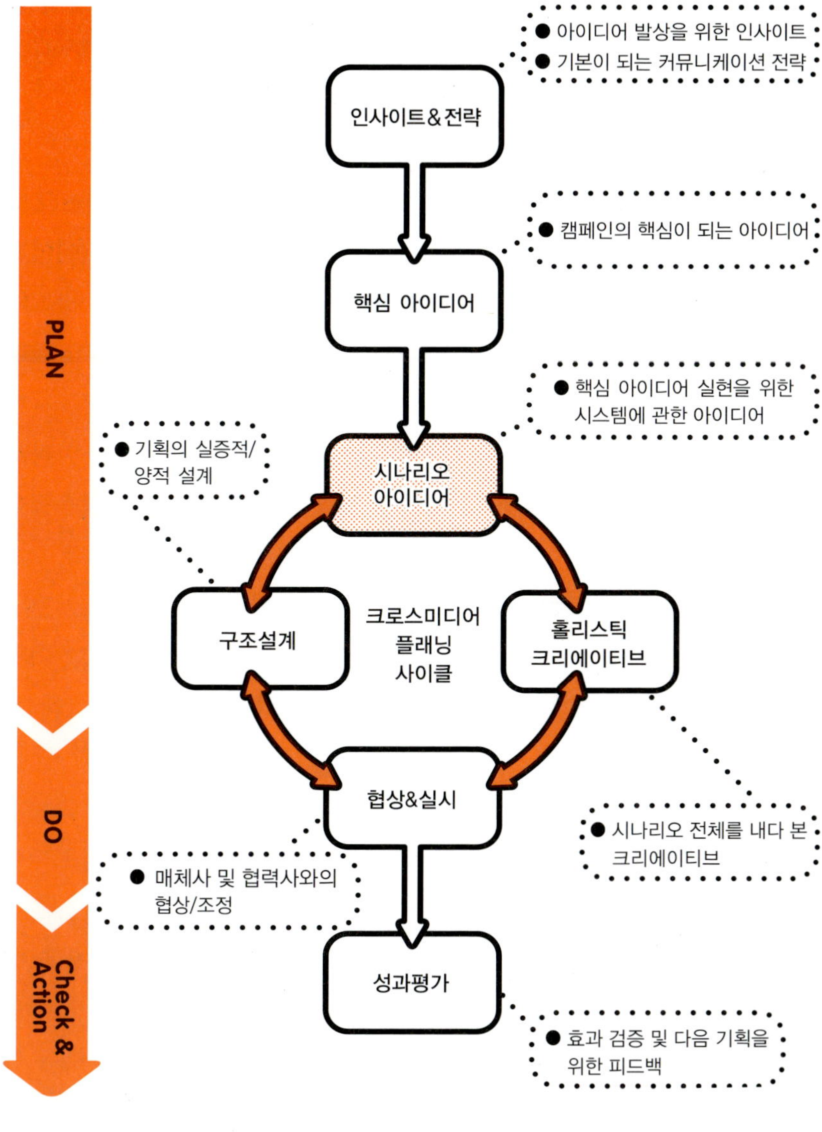

가지를 생각한다.

예를 들면 제4장에서 소개한 컵누들 〈FREEDOM-PROJECT〉의 경우 핵심 아이디어는 '재패니메이션을 통해 컵누들 문화를 체감하게 한다'였고 시나리오 아이디어는 '현재진행형인 연속적 스토리를 TV광고와 DVD 판매로 병행 전개하여 기대감을 고조시킨다'는 것이다.

③ 홀리스틱 크리에이티브와 구조설계를 자동차의 두 바퀴로 삼는다

시나리오 전체를 바라본 크리에이티브 표현을 '홀리스틱 크리에이티브'라 한다. 홀리스틱 크리에이티브 제작을 위해서는 전문잡지 광고와 웹사이트, 거리 이벤트 등 핵심이 되는 컨택 포인트와 그 조합을 명확히 해야 한다.

크로스미디어 커뮤니케이션은 건축과 비슷한 측면이 있다. 따라서 핵심이 되는 컨택 포인트와 그 조합의 명확화 등 시나리오를 실증적이며 정량적으로 설계하는 것을 '구조설계'라 부른다.

뛰어난 디자인과 탄탄한 구조설계로 최고의 건축물이 완성되는 것처럼 강력하고 독특한 표현에 일정 수준 이상의 규모감이 더해지면 어떤 효과를 초래할지 생각하는 것이 효과적 크로스미디어를 위해 중요하다.

④ 실행을 위해서는 협상이 중요하다

15초, 30초의 TV광고나 5단, 15단 신문광고는 이미 매체사와 광고대행사, 클라이언트 간에 확실한 비즈니스 모델로 확립되어 있다.

그러나 크로스미디어 커뮤니케이션은 새로운 컨택 포인트 활용과 다양한 기업과의 협력 등이 중요해서 기존의 매체만으로는 부족한 경우도 많다. 기획실현을 위해 클라이언트와 미디어 간의 윈윈 관계 구축을 위한 협상이 아이디어 실현에 있어 중요한 프로세스가 된다.

⑤ 효과검증 방법으로 행동 데이터를 활용한다

기존의 효과검증에서는 캠페인을 통한 매출증대 파악과 소비자 조사를 통한 인지도 및 호감도 등 브랜드 이미지 변화에 대한 파악이 중심이 되었다.

그러나 AISAS형 구매행동 확대와 IT 발달로 효과검증 기법으로서 POS 데이터 및 웹의 접속로그(*log*), 블로그 분석 등 소비자의 행동 데이터를 활용할 수 있게 되었다. 이들을 효과적으로 활용해서 캠페인 효과를 검증하는 것이 차기 캠페인의 완성도를 제고시킬 수 있다.

⑥ 크로스미디어 플래닝 사이클에 따라 진행한다

크로스미디어 플래닝 프로세스를 7가지 단계로 분류했는데 특히 시나리오 아이디어, 홀리스틱 크리에이티브, 구조설계, 협상&실시의 4가지 과정은 분리된 것이 아니라 각 프로세스를 넘나들면서 시행하게 된다. 따라서 이 4가지 프로세스를 '크로스미디어 플래닝 사이클'이라 부른다.

실제로 플래닝할 때에는 프로젝트 팀의 핵심멤버가 크로스미디어 플래닝 사이클 전체의 진척 상황을 지휘관리하면서 진행한다.

9가지 '방법'과 '도구'가 시나리오를 효과적이며 설득력 있게 만든다

크로스미디어 커뮤니케이션을 이런 프로세스에 따라 플래닝할 때에는 가급적 핵심 아이디어와 시나리오 기획안을 신속하고 설득력 있는 형태로 만들어야 한다. 여기서 도움이 되는 것이 '방법'과 '도구'이다.

플래닝할 때 전략과 아이디어를 수립하는 사람들(플래너, 크리에이터, 프로듀서 등)의 스킬과 경험이 중요한 것은 두말할 필요도 없지만 그다지 경험 없는 플래너들도 이 방법과 도구를 잘 활용하면 효과적인 기획을 수립할 수 있다. 여기서 '방법'이란 플래닝을 위한 방법론과 프레임 워크이며, 도구란 분석기법, IT를 활용한 시스템, 그리고 데이터베이스이다.

덴츠는 다양한 과제에 따른 마케팅 커뮤니케이션의 플래닝을 지원하기 위해 약 260개의 방법과 도구를 개발했다. 이 중에서도 특히 크로스미디어 커뮤니케이션에서 활용 가능한 대표적 9가지 방법과 도구를 소개하겠다. 이는 덴츠에서 평소 플래닝할 때 활용하는 (현재 일본에서 서비스 중. http://www.dentsu.co.jp/crosswitch/service/index.html 참조.)

방법과 도구는 크게 4가지 목적을 위해 활용할 수 있다. 첫 번째는 인사이트 지원, 두 번째는 시나리오 아이디어의 발상, 세 번째는 발상한 시나리오 아이디어 유효성의 뒷받침, 그리고 네 번째는 실시한 시나리오 효과 검증이다.

우선 정량적 인사이트를 위한 'd-camp'와 정성적 인사이트를 위한 '타깃 비주얼라이저'의 두 가지를 활용하여 세심하게 인사이트를 찾는다.

또한 시나리오 아이디어 발상 시에는 '시나리오 아이디어 세션'이라는 회의를 통해 독특한 팀 토론을 한다.

그리고 시나리오의 구조설계를 위해서는 컨택 포인트를 취사선택하는 'VALCON', 매체 비클(*media vehicle*)을 취사선택하는 'dentsu-CONNECT MEDIA'의 두 가지를 활용한다.

그림 5-2 덴츠의 플래닝 프로세스별 방법과 도구

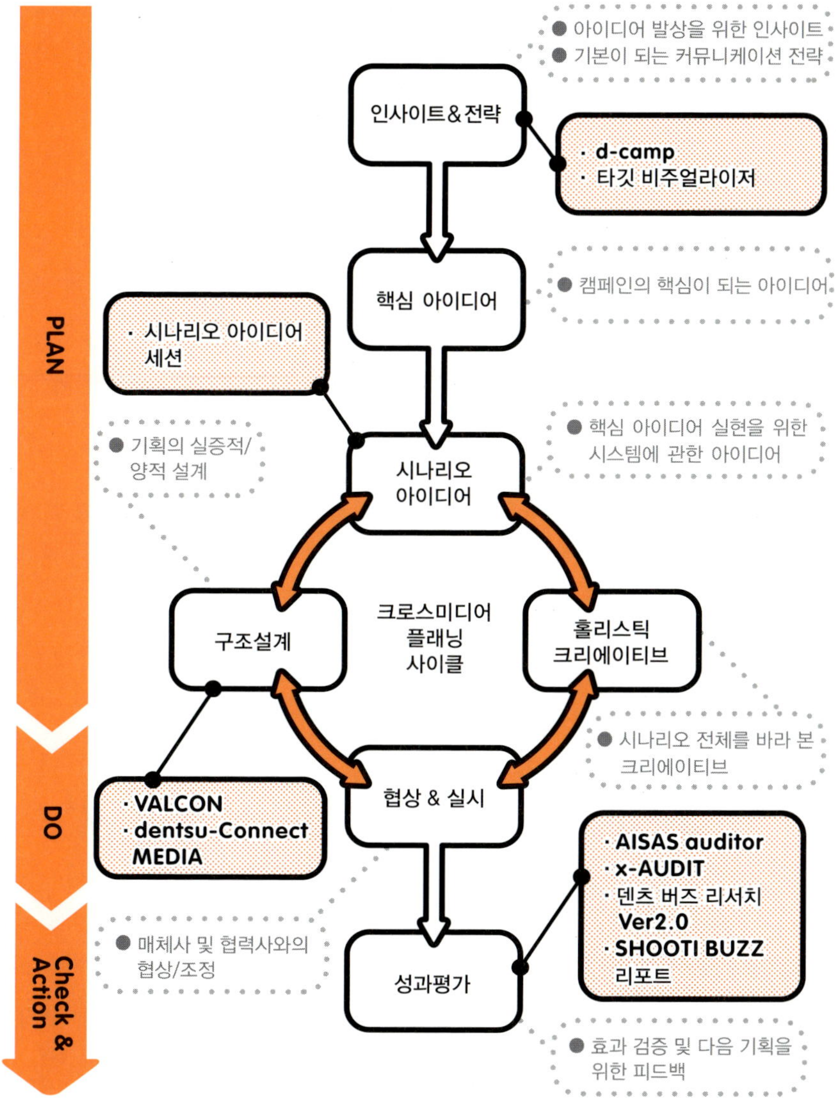

마지막으로 성과를 평가할 때에는 크로스미디어 특유의 효과 지표를 표준화시킨 'AISAS Auditor', 웹사이트의 접속로그에 설문조사를 통합한 'X-AUDIT', 인터넷상에 올린 글을 분석하는 '덴츠 버즈 리서치 Ver2.0 powered by hottolink', 'SHOOTI BUZZ 리포트' 등을 활용해서 효과 검증과 차기 캠페인에 대한 개선점을 파악한다.

지금부터 이 9가지 방법과 도구를 활용한 플래닝 기법들에 대해 자세히 설명하겠다.

5-2 세심하게 인사이트를 찾는다

모든 플래닝의 출발점은 인사이트다. 크로스미디어의 시나리오(도선) 설계 역시 이 프로세스를 면밀히 해야 한다.

효과적인 크로스미디어 커뮤니케이션의 디자인을 위해서는 성별 및 연령, 직업, 소득, 소비와 구매행동, 의식과 가치관, 라이프스타일 등 다양한 측면에서 심층적으로 '타깃 인사이트'를 파악해야 한다.

동시에 '미디어 인사이트'에서는 타깃이 접촉하는 미디어와 콘텐츠, 각 미디어의 특성, 기능, 역할 등 폭 넓은 관점에서 미디어를 평가해야 한다. 또한 새로운 미디어 기술에 대한 지식도 보유해야 한다.

인사이트를 파악하는 방식으로는 정량조사(설문조사, 매장출구조사 등)와 정성조사(그룹인터뷰, 심층인터뷰 등)를 활용할 수 있는데 두 가지 모두 하나의 데이터 소스를 활용해서 타깃 인사이트, 미디어 인사이트를 동시에 파악하는 것이 바람직하다. 덴츠는 정량과 정성적 측면에서 인

그림 5-3 인사이트에 관한 방법과 도구

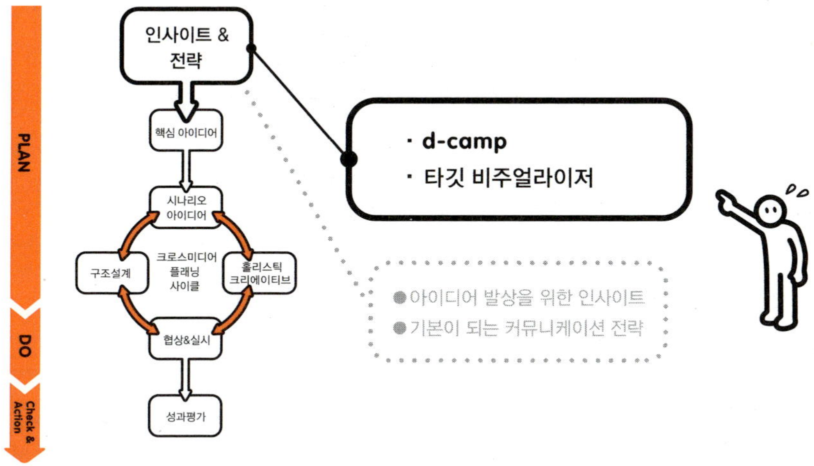

사이트를 파악하기 위한 '도구'를 독자적으로 개발하였다.

정량적으로 타깃을 심층적 분석하다…d-camp

덴츠는 d-camp(*Dentsu Consumers & Audience Multi Panel*)[1]라는 정량적 데이터베이스를 개발했다. d-camp는 동일한 조사 대상자에게 소비행동과 미디어접촉행동에 관한 조사를 실시해서 여기서 얻은 방대한

1. 소비행동과 미디어 접촉에 관한 덴츠 오리지널 데이터베이스. 1년간 지속된 싱글 소스, 패널 조사(동일 대상자를 상대로 한 조사). 조사대상자 12~64세 남녀 개인, 샘플 수 약 4,600샘플.

싱글소스 데이터를 이용해 소비행동과 미디어 접촉의 양적인 면을 동시 분석을 할 수 있다.

● 인사이트를 위한 분석 관점

예를 들어 항공사가 개인여행객의 국제선 온라인 예약을 촉진하기 위한 커뮤니케이션을 설계했다고 하자. 당연히 '개인적으로 해외여행을 떠나는 사람'을 타깃으로 설정하겠지만 직접 항공회사를 통해 예약하는 사람은 그 중에서도 극히 일부이다. 따라서 여기에 '패키지 여행은 하지 않는 사람'이란 조건을 추가하면 타깃이 더욱 구체화된다.

d-camp를 이용하여 개인적으로 과거 1년 이내에 해외여행을 한 사람들 중에서 '개인여행그룹'(과거 1년 동안 패키지여행을 하지 않은 사람)과 '패키지여행그룹'(과거 1년 동안 패키지여행을 한 사람)을 비교해 보자. 먼저 패키지여행그룹은 여성의 비율이 높은 데 반해 개인여행그룹은 남녀 반반이기 때문에 남성도 많다는 것을 알 수 있다. '좋아하는 국가'로는 개인여행그룹은 패키지여행그룹에 비해 중국, 남미 쪽이 약간 높다. 취미로는 개인여행그룹은 인터넷, 영화(애니메이션), 만화 등이 높은 것을 알 수 있다.

이러한 인사이트를 토대로 생각하면 '젊은 남성을 타깃으로 모험영화와 타이업해서 중남미 노선을 판촉하는 것이 좋겠다…'는 핵심 아이디어의 원형을 만들 수 있다.

제1장에서 일부 소개한 '크로스미디어 행동조사'도 본 d-camp 패널을 이용해서 실시한 것이며 타깃 인사이트, 미디어 인사이트 모두 정밀한 집계와 분석이 가능하다.

그림 5-4 d-camp의 특징

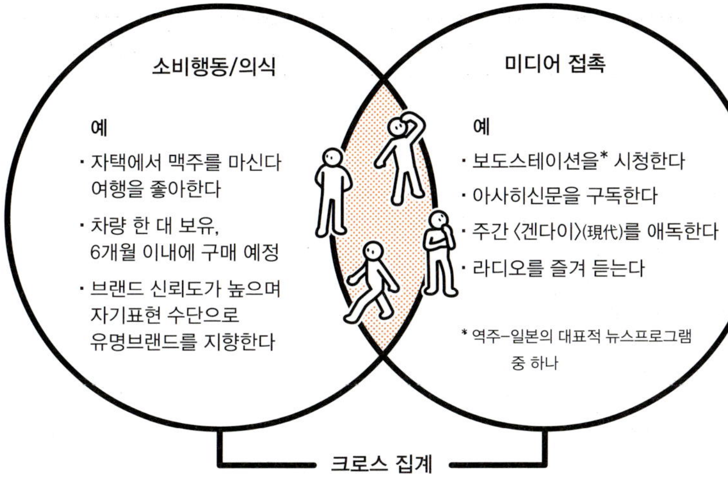

● 10대 여성과 20대 여성의 행동은 다르다 — 크로스미디어 행동조사에 의한 인사이트 발견 사례

인사이트 발견사례로서 d–camp 시스템을 이용한 '크로스미디어 행동조사'의 분석결과이다.

'타깃은 젊은 여성'이란 식으로 광범위하게 규정하는 경우가 많지만 10대[2] 여성과 20대 여성의 행동이 많이 다르기 때문에 좀더 명확하게 타깃을 규정하는 것이 필요하다. 여기서는 구체적으로 인터넷, 휴대폰 이용법에 대해 살펴보겠다.

인터넷의 경우 10대 여성은 동영상 사이트, 심리테스트, 성격유형 테

2. 여기서 10대란 조사 샘플 관계상 만 12세 이상~20세 미만.

그림 5-5 10대 여성과 20대 여성의 특징

	10대 여성	20대 여성
PC에서 인터넷 이용	· 동영상사이트를 자주 본다 · 엔터테인먼트 성격의 진단사이트를 본다	· 포털사이트를 자주 이용한다 · 인터넷 쇼핑을 자주 이용한다
휴대폰 이용	· 휴대폰 소설을 읽는다 · 휴대폰문자를 양손으로 친다	· 휴대폰 쿠폰을 이용한다 · 휴대폰으로 인터넷 옥션에 참가한다
소비/구매 행동	· 친한 사람들의 입소문을 중시한다 · 옷이나 액세서리를 살 때 누군가와 함께 간다	· 쇼핑을 하러 가기 전에 전단지나 인터넷 등에서 가격을 알아본다 · 자주 캠페인에 응모한다

(덴츠 '크로스미디어행동조사')

스트 등의 자가진단 사이트 이용이 많아 '엔터테인먼트 도구'로 활용하는 경향이 있다.

한편 20대 여성은 쇼핑정보 수집과 인터넷 쇼핑으로 이용하는 경우가 많아 '정보도구'로 이용하는 경향이 강한 것을 알 수 있다.

휴대폰도 10대 여성들은 20대 여성들에 비해 휴대폰 소설, 벨소리 다운, 동영상 시청 등 엔터테인먼트 용도로 이용한다. 이 외에도 10대 여성들은 휴대폰을 친구, 지인들과의 커뮤니케이션과 정보수집 등 다양하게 활용하고 있다.

소비 및 구매행동에 대해서는 10대 여성은 친구나 지인 등 친밀한 사람들의 입소문을 중시하고 20대 여성들은 인터넷 및 전단지 등의 정보를 중시하는 경향이 있다.

인터넷과 휴대폰을 중심으로 커뮤니케이션을 실시할 경우에는 10대 여성 대상으로는 게임 등의 엔터테인먼트 콘텐츠를 도화선으로 설치하고 20대 여성 대상으로는 특가, 할인 등의 혜택 중심의 쇼핑과 캠페인 정보를 주축으로 전개하는 식으로 타깃에 적합한 효과적인 커뮤니케이션 설계를 할 수 있다.

정성적으로 타깃 이미지를 파악한다…
타깃 비주얼라이저

정량데이터는 구체적 수치로 집약화할 수 있기 때문에 '전체적 이미지를 알기 쉽다', '규모감을 파악하기 쉽다', '데이터에 입각한 지식 공유와 논의가 편하다' 등의 장점이 있다. 한편, '소비자의 잠재적 수요를 알 수 없다', '구체적 타깃이미지를 그리기가 쉽지 않다'는 단점도 있다. 수치로 표현할 수 없는 질적 정보를 파악하기 위해서는 정성적 인사이트도 함께 실시할 필요가 있다.

● 타깃 비주얼라이저란?

우리는 타깃 비주얼라이저(*Target Visualizer*)[3]라는 정성적 인사이트 발견 도구를 개발하였다.

타깃 비주얼라이저의 특징은 다음과 같다.

---

3. 2009년에 일본에서 상표등록(35류 광고영역, 42류 기술, 조사, 소프트웨어 · 프로그램 관련) 취득. Target Visualizer ®

• 대규모의 사진일기 조사를 통해 소비자의 행동과 컨택 포인트와의 접촉 등에 대한 사진과 실제 목소리를 비주얼화한 데이터베이스 시스템
• 정성적 관점에서 소비자 인사이트와 미디어 인사이트를 동시에 파악 가능

이 도구의 최고 장점은 사진을 이용한 비주얼 데이터베이스로서 숫자만으로는 알 수 없는 타깃과 컨택 포인트의 실태에 대해 리얼하게 파악할 수 있다는 점이다.

● 사진과 실제 목소리를 통해 타깃 인사이트를 파악한다

예를 들면 어떤 기성복 메이커가 20대~30대 여성을 타깃으로 규정하였다고 하자. 먼저 '패션에 관심이 있는 20~30대 여성' 들은 실제로 어떤 패션을 하고 다니는지를 알아야 한다. 타깃 비주얼라이저에서는 그녀들의 온/오프패션을 비주얼로 실제 목소리와 함께 한눈에 파악할 수 있다. 게다가 타깃의 가치관, 정보행동, 자주 접하는 미디어, 관심 있는 상품과 서비스 등의 정보도 동시에 얻을 수 있다.

이와 같이 소비자 특징을 개별적으로 파악할 수도 있지만 이상적 타깃 이미지를 구체적으로 그리는 접근도 가능하다.

예를 들면 경자동차 브랜드인데 타깃을 '지방에 사는 20대 여성' 이라 정했다. 이 조건에 따라 범위를 좁힌 복수의 타깃 그룹을 입체적으로 비교하고 가설을 세워 대표적 타깃 이미지를 부각시켜 이상적인 타깃 이미지를 그린다. 이 일련의 프로세스를 거치면서 '전업주부이고 자녀는 한 명. 무리하지 않는 노력가이고 작은 행복 속에서 살고 있다. 패션에

그림 5-6 경자동차의 이상적인 타깃 이미지 사례

직업: 전업주부

가족: 남편과 자녀

무리하지 않는 노력가,
작은 행복을 느끼며 살고 있다

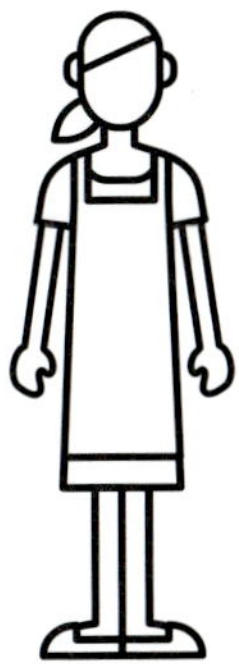

※실제 분석시에는 전신 사진을 참조할 수 있음

(좋아하는 것)
액세서리 릴랙쿠마 *

(갖고 싶은 것)
ipod

(취미/지금 푹 빠진 것)
인터넷 이용(자주 보는 사이트: mixi@cosme)
닌텐도 DS Lite

(패션)
캐쥬얼한 데님스타일이 기본
'편하고 활동하기 쉽다' 가 포인트

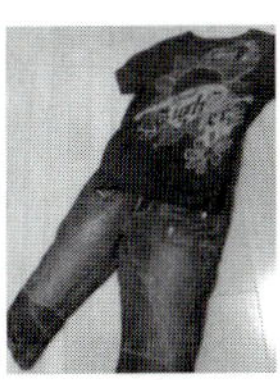

(쇼핑)
기본적으로 미래를 위해 저축하지만 마음에 든 것은 조금 비싸도 사요.
쇼핑할 때에는 인터넷에 올라온 사용후기나 평가, 가족과 친구들의 입소문을 참고해요.
제 블로그는 있지만 매일 업데이트 하지는 않아요. 가끔 쇼핑한 것에 대한 후기나 소감을 일기에 올리는 정도예요.

* 역주-곰인형 캐릭터상품

는 약간 신경 쓰긴 하지만 캐주얼 데님 스타일이 기본…' 이런 식으로 이상적인 타깃 이미지를 그릴 수가 있다.

● 소비자의 생활행동 관점에서 미디어 인사이트를 파악한다

크로스미디어의 기본 프레임에 따라 미디어 인사이트에서도 컨택 포인트의 질(시간, 장소, 장면, 기분)에 주목하거나 AISAS 지표에 대입시켜 보면 더욱 효과적인 인사이트가 가능하다.

하루라는 시간 흐름 속에서 미디어 인사이트를 파악하는 사례를 살펴보겠다. 타깃 비주얼라이저에서는 'One Day Board' 라는 분석 프레임을 이용할 수 있다. 앞서 말한 자동차 카테고리에서 지방에 사는 20대 여성들의 컨택 포인트 접촉에 대해 분석해 보겠다.

컨택 포인트의 시간별 접촉을 전체적으로 보면 '평일 저녁에는 TV광고 접촉이 많다', '휴일 오전부터 오후에 걸쳐 신문, 잡지 등을 본다', '휴일 오후 시간대에 판매영업점에서 전시차량, 카탈로그, 포스터 등을 접하고 있다' 는 등 전체적 경향을 파악할 수 있다.

또한 접촉했을 때의 소감을 살펴보면 평일 저녁에 TV광고로 친환경 자동차에 대해 알게 되었는데 '환경에도 좋으니까 적당한 가격이 되면 갖고 싶다' 는 인상을 받았다. 또 휴일의 오전 중에는 신문광고를 보면서 '스토리로 구성된 광고문안을 읽고 만족했다' 며 더 큰 관심을 가졌다. 또한 휴일 오후에 전시장에 가서 카탈로그를 받아 '내장, 외장에 대해 살펴보고 괜찮다고 느꼈다' 고 응답되어 있어 이해도와 관여도가 제고된 것을 알 수 있었다. 이와 같이 시간 흐름에 따라 보면 어느 타이밍과 컨택 포인트에서 관여도가 높아졌는지 구체적 이미지를 알 수 있다.

이상 정량 데이터베이스 d-camp와 정성 데이터베이스 '타깃 비주

그림 5-7 하루의 시간 흐름에 따라 컨택 포인트를 분석한다
(자동차 카테고리 사례)

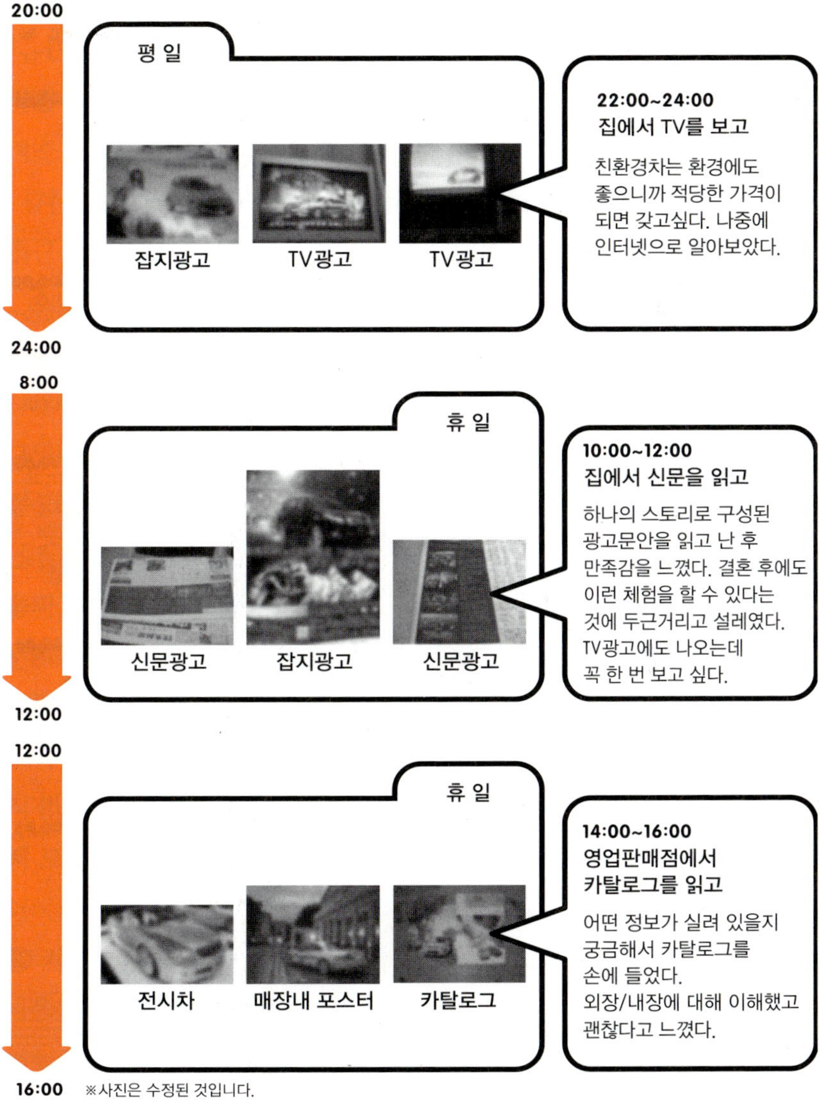

※사진은 수정된 것입니다.

얼라이저의 두 가지 도구와 함께 인사이트 방법에 대해 소개하였다.

인사이트 도출에서 중요한 것은 다양한 관점에서 접근해서 행동에 의한 타깃의 구체적 이미지를 그리는 것이다. '타깃은 어떤 사람인가?', '타깃은 어느 미디어와 어떤 식으로 관여해서 어떻게 이용하고 있는가?' 등을 비롯하여 '타깃은 어떤 상황에서 어느 미디어에 접하고 어떤 심리 변용이 일어나서 행동으로 연결되는가?'까지 깊게 파헤쳐 구체적 이미지를 그려야 한다. 이러한 프로세스를 통해 핵심 아이디어가 형성된다.

5-3 팀 토론을 통해 시나리오 아이디어를 발상한다

시나리오 아이디어를 팀 차원에서 발상하기 위해서는 어떻게 하면 좋을까? 시나리오 아이디어는 컨택 포인트, 메시지, 그리고 심리적 접근 등 3가지 관점에서 생각해야 한다. 이때 매스미디어 광고와 SP, PR, 인터랙티브, 이벤트 등을 다양하게 활용한다. 그러나 시나리오 아이디어를 발상할 때에는 클라이언트나 광고대행사 등에서는 다음과 같은 상황에 놓여 있을 가능성이 많다.

· 참여 멤버가 많다
· 기획이 분업되어 정보집약이 어렵다
· 기획 일관성을 유지하는 것이 어렵다

이렇게 참여 멤버가 많은 프로젝트의 아이디어 발상과 합의 형성의 기법

그림 5-8 시나리오 아이디어에 관한 방법과 도구

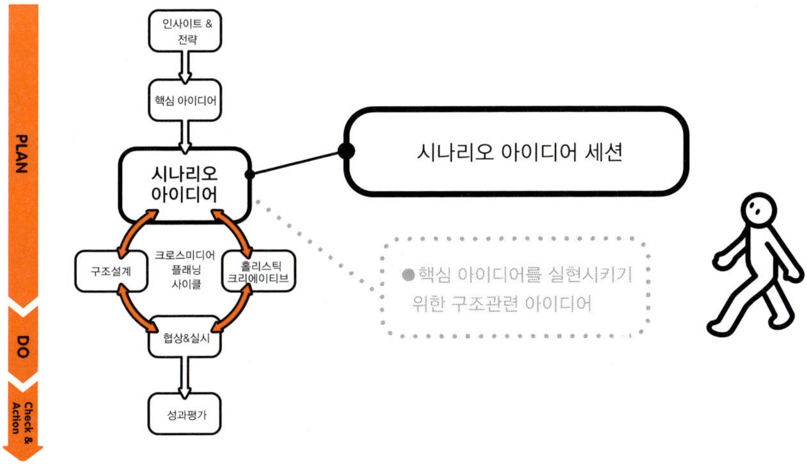

으로서 우리는 '퍼실리테이션'(*facilitation*)[4]이란 기술을 활용하고 있다.

퍼실리테이션이란 facilitate(용이하게 하다, 촉진하다)가 어원인데 많은 멤버들이 한자리에 모여 어느 주제에 관해 토론을 해서 효과적으로 합의를 도출해 내는 접근방식이다. 새로운 업무 추진방법, 플래닝 방법으로서 마케팅 커뮤니케이션의 다양한 영역에서 활용되고 있다.

덴츠에서는 이 퍼실리테이션에 착안한 파워 세션(*Power Session*)[5]이

4. 조직과 팀을 통한 문제 발견과 해결, 아이디어 창조, 조직변혁 등 지식창조 활동에 있어 중립적 입장에서 팀 의견을 촉진시켜 과제해결을 지원하는 활동이나 그 기술을 뜻한다.
5. 워크세션 스타일로 브랜드의 과제해결과 아이디어 창출을 하는 덴츠 독자적인 퍼실리테이션 프로그램. 2008년에 일본에서 상표등록(35류 광고영역) 취득. Power Session®

란 방법을 개발하여 신상품 개발과 브랜드의 목표 이미지 설정, 캠페인의 콘셉트 개발, 사내 커뮤니케이션 등 폭 넓은 과제 영역에서 활용하고 있다.

시나리오 아이디어를 퍼실리테이션 형식으로 발상한다… 시나리오 아이디어 세션

시나리오 아이디어를 발상할 때에도 이 퍼실리테이션은 큰 효과를 발휘한다.

파워 세션을 활용해서 시나리오 아이디어를 발상하는 것이 '시나리오 아이디어 세션'이다. 이는 여러 프로젝트 멤버가 하루 정도 모여서 다양한 각도에서 토론하면서 정보를 공유하거나 시나리오 아이디어를 발상하는 방법이다.

시나리오 아이디어 세션은 편안한 아이디어 발상을 위해 꼼꼼히 준비를 해야 하며 포인트는 크게 세 가지이다.

① 시나리오 아이디어 발상을 위한 프로그램을 준비한다.
② 시나리오 아이디어 발상을 효과적으로 도출하는 퍼실리테이션을 준비한다.
③ 시나리오 아이디어 발상을 위한 환경을 조성한다.

이 세 가지 점에 대해 간단히 설명하겠다.

그림 5-9 시나리오 아이디어 세션 장면

① 시나리오 아이디어 발상을 위한 프로그램을 준비한다

시나리오 아이디어를 생각할 때는 타깃 인사이트나 미디어 인사이트에 근거한 컨택 포인트, 메시지, 심리적 측면, 예산제약 등 다양한 관점이 요구된다.

이들 관점에서 하루에 집중적이며 효율적으로 시나리오 아이디어를 발상하기 위해서는 프로그램을 어떻게 구성하는가가 중요하다. 또한 프로그램 내용에서는 시나리오 아이디어 발상에 도움이 되는 정보를 어떻게 수집할 것인가가 포인트이다.

예를 들면, '타사의 성공사례' 활용을 들 수 있다. 이 책에도 〈점프 스퀘어〉와 '컵누들'을 비롯하여 몇 가지 성공사례를 소개했는데 시나리오 아이디어 발상을 위한 효과적인 자극제가 된다.

또한 제5장에서 소개한 도구와 데이터베이스를 활용한다. 이들은 타깃 인사이트와 미디어 인사이트, 예산규모에 맞는 크로스미디어 구조설계 지침으로서 도움이 된다. 특히 인간심리에 착안한 발상 지원도구 '캠페인 모티베이터'는 효과적이다.

그림 5-10은 표준 프로그램의 하나인데 브랜드 과제와 상황에 따라 그때마다 커스터마이징(*customizing*)하여 효과적인 프로그램을 작성한다.

② 시나리오 아이디어 발상을 효과적으로 도출하는 퍼실리테이션을 준비한다

효과적인 퍼실리테이션 형식의 시나리오 아이디어 발상을 위해서는 '퍼실리테이터'의 존재가 관건이다. 퍼실리테이터란 프로젝트 멤버가 모인 세션 자리에서 참가자의 심리적 움직임과 상황을 보면서 세션을 진행하는 사람을 뜻한다.

그림 5-10 시나리오 아이디어 세션 프로그램 예

시작 시간	소요 시간	주 제	내 용
9:30	10분	오프닝	목적/최종목표 확인
9:40	40분	워크 1 과거시책 리뷰	도구 ①을 이용한 세션
10:20	30분	워크 2 타깃 이미지 공유	도구 ②를 이용한 세션
10:50		휴 식	
11:00	60분	워크 3 타깃의 욕구 검토	도구 ③ : 타깃의 욕구를 캠페인 모티베이터에서 찾아내고 그 욕구를 자극하기 위한 아이디어를 검토한다
12:00		점 심	
13:00	40분	워크 4 컨택 포인트 파악	도구 ④를 이용한 세션
13:40	60분	워크 5 다른 브랜드의 성공사례 연구와 응용방법 검토	도구 ⑤를 이용한 세션
14:40		휴 식	
14:50	110분	워크 6 크로스미디어 시나리오 아이디어의 구체화	도구 ⑥ 가로 T모델에 따라 크로스미디어의 시나리오 아이디어를 구체화한다
16:40	20분	정리, 종료	

퍼실리테이터는 중립적 입장에서 세션의 프로세스 전체를 관리하면서 참여 멤버들의 토론이 활발해지도록 촉진하며 성과를 제고시킬 수 있는 역량이 요구된다.

퍼실리테이터는 회의 분위기와 성과를 좌우하는 중요한 역할을 한다. 따라서 경험과 트레이닝을 거친 사람이 하는 것이 바람직하다.

③ 시나리오 아이디어 발상을 위한 환경을 조성한다

또한 시나리오 아이디어 세션을 진행할 때에는 환경에도 신경을 써야 한다. 여느 회의 때와는 다른 장소와 다른 분위기를 조성하면 더 자유로운 발상이 나올 수 있다. 다음과 같은 시도들을 예로 들을 수 있다.

- 큰 창문이 있는 등 편안하게 마음을 열 수 있는 장소에서 세션을 개최한다.
- 음악을 틀면서 편안한 분위기를 조성한다.
- 회의장에 아로마향을 켜놓는 등 편안한 공간으로 만든다.
- 쿠션과 마사지 용품들을 준비한다.
- 아이디어를 확대하거나 정리, 공유하기 위해 사이즈가 큰 포스트잍 등을 준비한다.

시나리오 아이디어는 플래너와 크리에이터의 개인 역량으로도 탄생할 수 있지만 참여하는 프로젝트 팀원들의 지식과 견해를 최대한 살림으로써 더 좋은 아이디어가 나오는 경우도 많다. 프로젝트 멤버의 상황을 보면서 이런 퍼실리테이션 형식의 시나리오 아이디어 발상을 시도하는 것도 효과적이다.

시나리오 아이디어 세션은 캠페인의 핵심이 되는 장편 시나리오의 아이디어 발상뿐 아니라 개별적 컨택 포인트를 활용한 단편 시나리오 아이디어의 발상에도 활용할 수 있다.

5-4 과학적으로 크로스미디어의 구조를 설계한다

효과적인 크로스미디어 커뮤니케이션을 위해서는 시나리오의 넓이와 깊이에 관한 실증적이며 정량적 설계가 중요하다. 앞서 말했듯이 이를 건축용어를 빌려 구조설계라 했다. 이 구조설계는 시나리오 아이디어에 입각한 크로스미디어 커뮤니케이션을 실시할 때 홀리스틱 크리에이티브(시나리오 중심의 포괄적 크리에이티브 표현)와 병행하는 중요한 플래닝 프로세스이다.

구조설계를 할 경우에는 크게 나누어 TV광고와 신문기사, 자사의 웹사이트, 매장 POP와 같은 컨택 포인트를 이용하는 수준과 TV아사히의 '보도 스테이션'이나 닛케이신문, Yahoo! 등과 같은 매체 비클을 이용하는 수준이 있다.

컨택 포인트, 매체 비클 두 가지 수준의 분석 기법을 각각 살펴보자.

커뮤니케이션 목표에 맞는 컨택 포인트를 취사선택한다… VALCON

크로스미디어 커뮤니케이션의 시나리오를 설계할 때에는 타깃에게 효과적인 컨택 포인트를 정량적으로 파악해서 취사선택해야 한다.

타깃과 브랜드를 연결하는 모든 컨택 포인트의 가능성을 중립적으로 보고 브랜드에 효과적인 조합을 발견하는 '컨택 포인트 매니지먼트' 발상이 시나리오 설계 시에는 필수적이다.

VALCON(*Value Contact Point Tracer*)[6]은 컨택 포인트 차원에서 구조설계를 하는 도구다. 브랜드 과제에 따라 효과적인 컨택 포인트를 정량적으로 취사선택할 수 있는 덴츠의 독자적인 도구로서 일본 국내뿐 아니라 해외에서도 널리 활용되고 있다.

VALCON을 통한 구조 설계에는 크게 두 가지 특징이 있다.

① 캠페인에서 활용 가능한 컨택 포인트를 모두 찾아낸다.

② 브랜드에 효과적인 컨택 포인트를 조사하여 정량적으로 분석한다.

① 가능성 있는 컨택 포인트를 모두 찾아낸다

컨택 포인트는 TV광고와 TV프로그램, 기업의 홈페이지 등 모든 카테고리에 공통적으로 존재하는 것도 있지만 각 카테고리와 브랜드만의 고유의 것도 찾아내야 한다.

예를 들면 자동차의 경우 자동차 판매점, 딜러, 자동차 전문잡지, 모터쇼 등의 이벤트 등이 여기에 해당된다. 또한 자동차 판매점도 한 분류로 묶지 말고 판매점 외관 및 간판, 전시차량, 시승, 세일즈맨 등을 구분해서 생각해야 한다.

6. 2004년에 일본에서 상표등록(35류 광고영역, 42류 기술, 조사, 소프트웨어 · 프로그램 관련) 취득. VALCON®

그림 5-11 구조설계에 관한 방법 도구

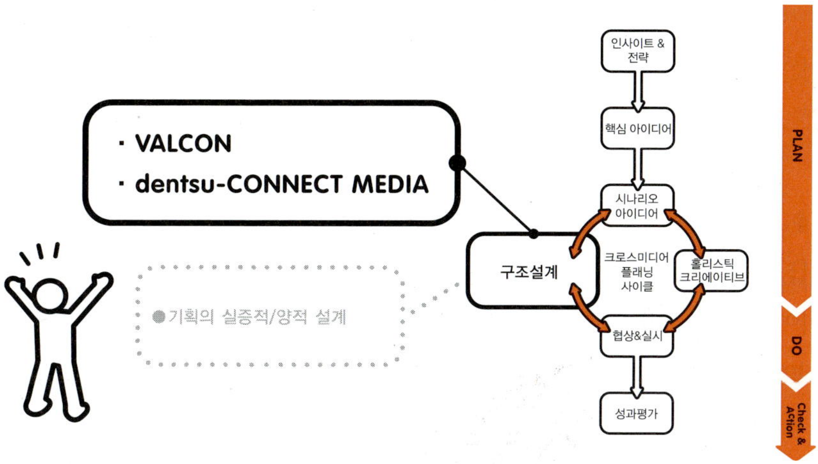

이러한 컨택 포인트를 찾기 위해서는 크게 두 가지 방법이 있다. 하나는 클라이언트와 광고대행사의 프로젝트 멤버들이 검토를 통해 찾아내는 방법이고 다른 하나는 그룹 인터뷰와 설문조사 등을 통해 소비자들에게 직접 물어 보는 방식이다.

어느 정도 경험 있는 클라이언트의 브랜드 매니저라면 프로젝트 멤버의 검토를 통해 컨택 포인트를 잘 찾아낼 수 있을 것이다. 그러나 컨택 포인트 관점의 분석을 처음 해본다든지 새로운 업종이나 실태 파악이 어려운 카테고리, 브랜드라면 한 번 정도 소비자 조사를 실시하는 편이 좋을 것이다.

그림 5-12 컨택 포인트를 모두 찾아낸다

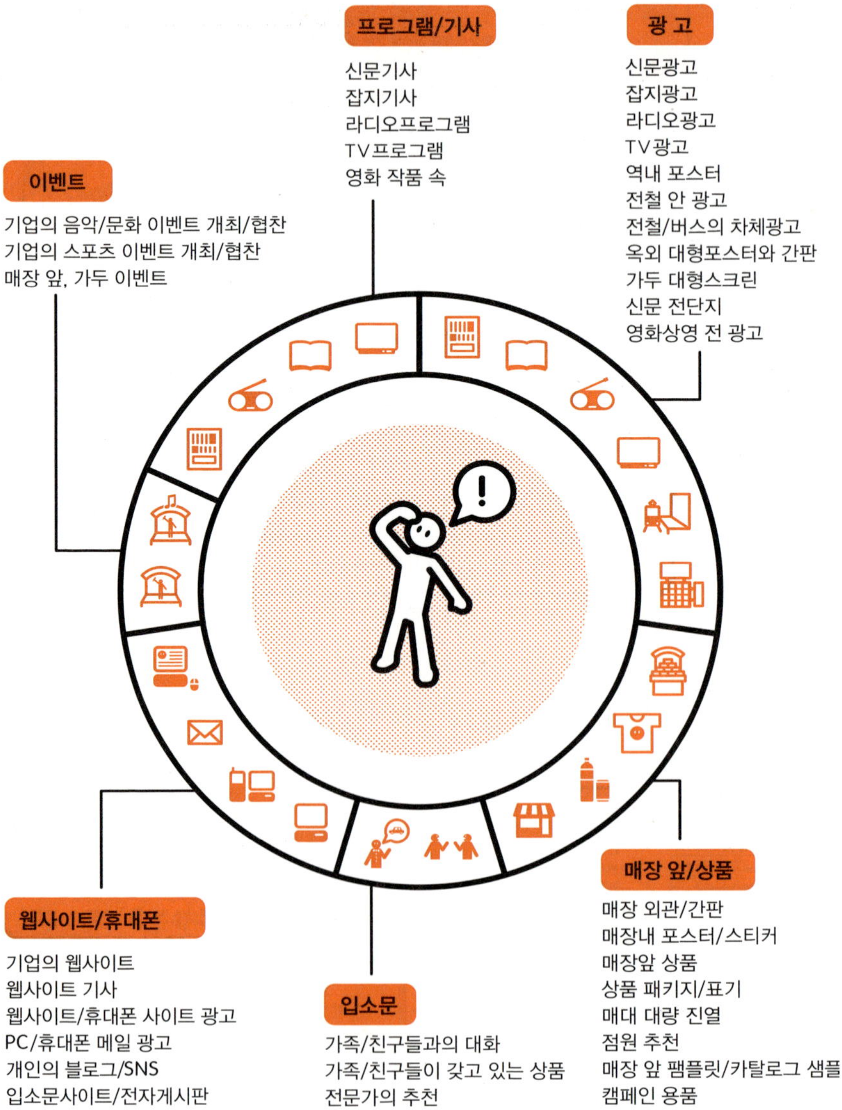

② 효과적인 컨택 포인트를 조사하여 정량적으로 분석한다

컨택 포인트를 모두 찾아낸 다음에는 어느 컨택 포인트가 효과적인지 소비자 조사를 실시한다.

VALCON은 효과적 컨택 포인트와 낭비적 컨택 포인트를 소비자 조사에 따라 정량적으로 분석할 때 다음 세 가지 측면을 중시한다. 같은 컨택 포인트라도 그 효과는 (1) 타깃에 따라, (2) 카테고리에 따라, (3) 커뮤니케이션 목표와 전달하고자 하는 메시지에 따라 다르다.

다음은 '디지털 카메라' 카테고리에서 실시한 분석결과이다. 디지털 카메라에 대해 20~30대 남성과 20~30대 여성의 두 타깃을 대상으로 '관심'과 '이해'라는 두 가지 커뮤니케이션 목표를 세웠을 때 어느 컨택 포인트가 유효한지를 분석한 사례이다.

이 경우 디지털 카메라에 '관심을 갖게 하는' 컨택 포인트는 남녀 모두 큰 차이 없이 TV광고가 압도적으로 높았으며 매장 전시제품의 효과도 컸다. 다만 남성 대상으로는 전철 광고, 여성을 대상으로는 입소문 이용도 검토할 필요가 있다. 한편 '특징을 이해하는' 컨택 포인트는 남녀간에 달랐다. 20~30대 남성은 제조사의 웹사이트와 전시품, 팸플릿 및 카탈로그가 높았으며 상세정보를 얻을 수 있는 컨택 포인트만이 유효했다. 한편 20~30대 여성의 경우 팸플릿 및 카탈로그 외에도 TV광고의 효과도 커서 TV광고가 이해를 위한 미디어로도 기능하고 있다는 점을 알 수 있었다.

이러한 분석을 통해 소비자 관점에서 전략적으로 활용할 컨택 포인트를 효율적이고 효과적으로 취사선택할 수 있게 된다.

그림 5-13 디지털 카메라 카테고리에서 콘택트 포인트의 분석사례

	흥미를 갖는다			특징을 이해한다	
남성 20~30대	1	TV광고	31.6	1	제조사의 웹사이트	34.8
	2	매장 전시제품	24.2	2	매장 전시제품	30.7
	3	전철 안 광고	22.1	3	매장 팸플릿/카탈로그	28.7
여성 20~30대	1	TV광고	36.9	1	매장 팸플릿/카탈로그	22.1
	2	매장 전시제품	20.5	2	매장 전시제품	21.3
	3	친구와의 대화/메일	19.7	3	TV광고	20.1

%

소비자 입장에서 본 매체 비클 간 연결고리의 강도를 파악한다… dentsu-CONNECT MEDIA

TV광고, 잡지기사와 같은 컨택 포인트 수준에서 취사선택을 했다면 다음에는 더욱 구체적으로 '어느 매체 비클을 사용할 것인지' 혹은 '어느 매체 비클과 어느 매체 비클을 조합해서 도선을 연결할 것인지'를 생각한다.

여기서 말하는 '매체 비클'이란 패션잡지 A, 정보 버라이어티 프로그램B와 같이 미디어의 최소단위를 뜻한다.

덴츠는 매체 비클 수준에서 구조설계를 지원하는 도구로서 dentsu-

CONNECT MEDIA[7]라는 시스템을 개발하였다.

① 매체 비클 간 연결고리의 강도를 파악한다

다양한 미디어 접촉이 가능한 이 시대에도 소비자는 개인의 취미와 취향에 따라 일정한 조합으로 미디어 접촉을 하고 있다.

dentsu-CONNECT MEDIA는 소비자 입장에서 본 개별적 매체 비클 간 연결고리의 강도에 대한 대량 데이터베이스를 독자적으로 분석해서 정량화하고 도식화할 수 있다.

골프가 취미인 사람을 타깃으로 삼았을 경우 골프잡지 A를 보는 사람은 골프잡지 B도 볼 확률이 높다. 또 골프잡지 A와 B를 보는 사람은 위성방송의 골프전문 채널을 보거나 골프예약사이트에도 접촉하고 있을 가능성이 크다. 그리고 골프를 즐기는 사람들은 비교적 경제적 여유가 있는 비즈니스층이 많기 때문에 라이프스타일 잡지나 비즈니스 잡지, 뉴스 프로그램과 뉴스 관련 사이트 등에도 접할 가능성이 크다.

이와 같이 매체 비클 간의 연결고리의 강도도 함께 파악함으로써 TV 프로그램의 시청률, 신문 및 잡지의 열독률 등 각 매체 비클 단위의 평가뿐 아니라 효과적 매체 비클의 복합적인 취사선택이 가능해진다.

예를 들어 디지털 카메라 카테고리에서 '여행'을 시나리오의 핵심으로 커뮤니케이션할 경우 dentsu-CONNECT MEDIA에서 여행잡지 C, 여행정보프로그램 D, 포털사이트 E의 여행정보페이지 등 여행관련 매체 비클 간의 연결고리의 강도를 분석해서 매체 비클 조합을 위한 근거

---

7. 2006년에 일본에서 상표등록(35류 광고영역, 42류 기술, 조사, 소프트웨어·프로그램 관련) 취득. CONNECT MEDIA.®

그림 5-14 비클 간 열결고리의 강도를 정량적으로 가시화한다

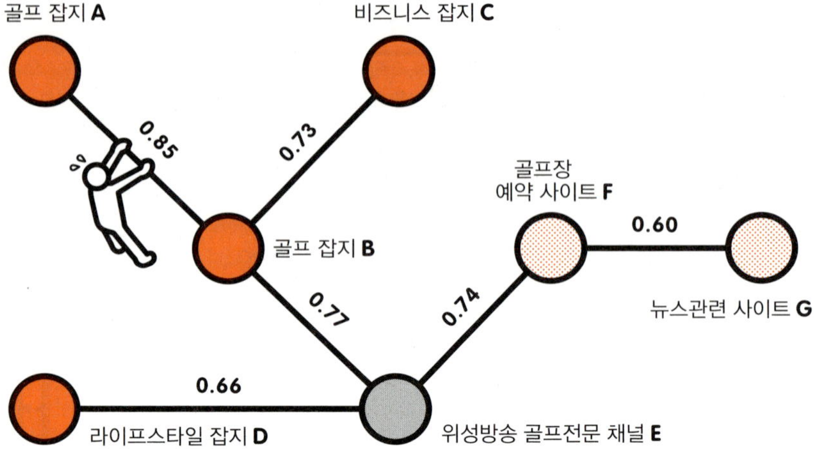

데이터를 얻을 수가 있다. 또한 분석 데이터가 새로운 기획 입안의 자극제가 될 수도 있다.

② 각 미디어 접촉량을 파악해 타깃을 세분화한다

분석대상이 되는 타깃에 대해서도 30대 남성이라는 인구통계학적 세분화뿐 아니라 미디어 접촉 특성과 양의 관점에서도 분류함으로써 더욱 효과적인 구조설계가 가능하다.

예를 들어 같은 '30대 남성, 디지털 카메라 잠재 구매층'이라 해도 디지털 미디어 마니아가 있는 한편 TV와 신문은 보지만 인터넷을 통한 접촉은 별로 안 하는 사람도 있다. destsu-CONNCT MEDIA를 활용하

그림 5-15 각 미디어 접촉량을 따라 타깃을 분류

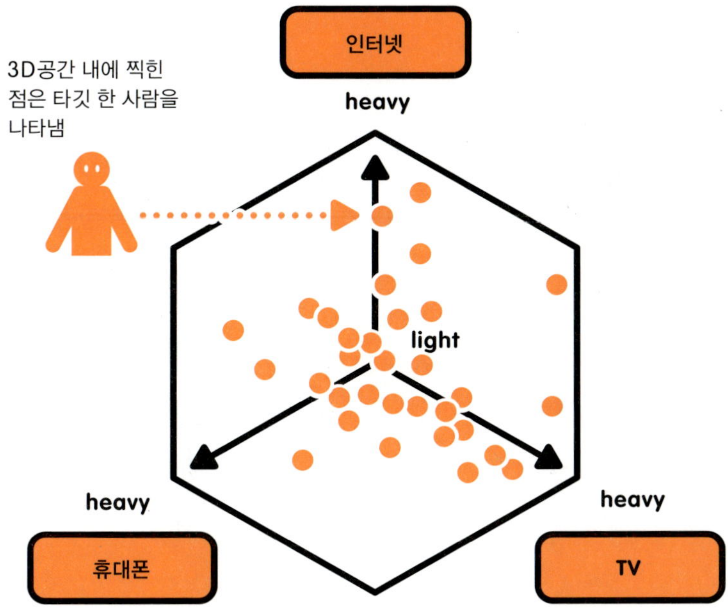

- 미디어의 접근시간(heavy~light)을 3개의 축에서 표시하여 입체적으로 타깃을 분류했다. 예를 들어 TV, 인터넷, 휴대폰으로 그릴 경우 위와 같다.
- 이 분류를 몇 가지로 그룹핑하면 다양한 미디어 접촉의 특징을 반영한 비클 간 분석이 가능해진다.

면 미디어 접촉량에 따른 타깃 세분화 그리고 매체 비클 간 연결의 구조 설계도 할 수 있다.

5-5 크로스미디어의 효과를 측정한다

크로스미디어 커뮤니케이션 전략을 입안하고 실시한 후의 효과를 어떻게 측정하는가? 이 물음에 답하기 위해서는 첫 번째로 커뮤니케이션 전략을 입안할 때 담당자 전원이 최종목표에 대한 이미지를 공유하고 목표를 설정해야 한다. 그리고 팀에서 커뮤니케이션 목표를 설정할 때에는 효과지표를 미리 협의해서 정해 놓는 것이 바람직하다. 그 이유는 크로스미디어 플래닝은 다양한 컨택 포인트를 조합하기 때문에 측정대상 및 효과지표가 많아져서 효과의 전체 이미지를 파악하기가 어려워지기 때문이다.

효과측정 진행방식

크로스미디어 효과지표 설정 시 포인트는,

- **기간을 정한다** 목표를 설정할 때 단기 캠페인 단위로 할 것인지, 브랜딩 효과를 거둘 수 있도록 장기간으로 할 것인지를 정한다.
- **목표를 설정한다** 타깃, 메시지, 활용할 컨택 포인트를 생각한 후 달성 목표를 설정한다. 커뮤니케이션 목표(인지, 이해, 구매의향 등의

그림 5-16 성과평가에 관한 방법과 도구

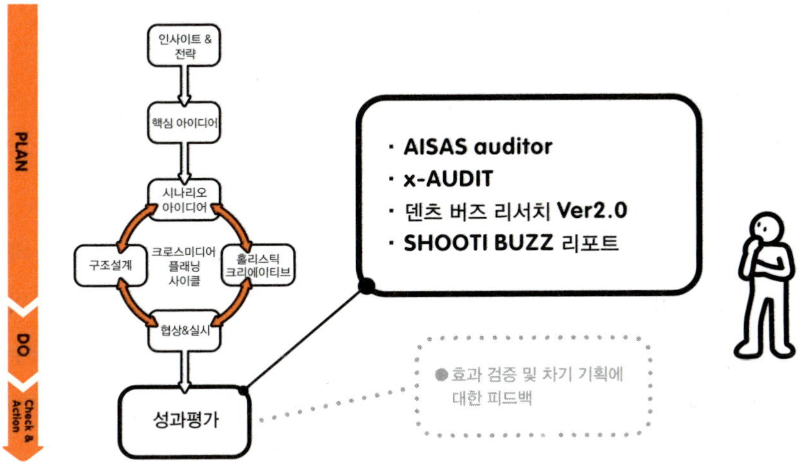

심리, 태도변용 지표가 일반적)와 마케팅 목표(매출, 시장점유율 등 직접적인 판매효과)를 구분하고 필요하다면 양쪽 모두 설정한다. 또한 '하나의 지표로 전체를 판단한다', '몇 가지 중간지표를 설정한다', '다수의 지표로 살펴본다' 등의 방침에 대해서도 결정한다.

- **크로스미디어 특유의 지표를 포함시킨다** 시나리오대로 소비자가 움직였는지, 어떤 반응을 보였는지 등을 검증할 수 있는 지표를 포함시킨다.

크로스미디어 커뮤니케이션은 '행동을 환기시키는' 관점에서 설계되기 때문에 실제 효과지표를 검토할 때에는 심리 및 태도 변용지표에 소비자가 능동적으로 브랜드에 관여한 행동지표도 검토 범위에 포함시킨다.

즉, 웹 방문자 수, 상품 시범이용자 수, 블로그 포스팅 수 등도 지표로 설정하여 크로스미디어의 전체적 효과를 복합적으로 평가한다. 단, 경우에 따라서는 실제의 행동결과가 아니라 '~를 경험했다', '~했다'는 설문조사 형태로 행동을 측정할 수도 있다.

또한 지속적으로 같은 지표를 설정하여 추적조사함으로써 캠페인의 시계열 비교도 가능하다.

캠페인 관리는 계획 → 실시 → 성과평가 → 개선 등 PDCA(*Plan · Do · Check · Action*) 과정을 밟는다. 단 PDCA의 D(실시)가 끝난 다음에 C(성과평가)를 시작하는 식으로 순서가 정해져 있는 것이 아니라 성과평가를 해야 할 타이밍에 따라서는 D(실시)와 거의 동시에 C(성과평가)를 하는 경우도 있다. 성과평가의 타이밍은 클라이언트의 마케팅 계획에 따라 목표설정과 평가를 한 후 P(계획)와 D(실시)의 스케줄 등을 고려해서 결정하는 것이 바람직하다.

다음으로 덴츠의 독자적인 크로스미디어 커뮤니케이션의 성과 평가 도구 4가지를 소개하겠다.

먼저 크로스미디어 특유의 AISAS 프레임에 입각한 효과 지표와 조사 설계를 템플릿화한 'AISAS Auditor'. 다음은 인지(*perception*)와 행동 데이터를 복합적으로 평가할 수 있는 설문조사 통합형 로그해석 도구 'x-AUDIT'. 마지막으로 '블로그 포스팅 수'를 파악하는 도구로서 '덴츠 버즈 리서치 ver2.0 Powered by hottolink'와 'SHOOTI BUZZ 리포트'의 두 가지가 있다.

효과 지표의 템플릿화를 통해 신속하게 평가한다…
AISAS Auditor

업계 내에서 크로스미디어 커뮤니케이션의 효과를 측정할 때에는 다양한 조사기법과 항목이 이용되고 있으나 덴츠에서는 AISAS Auditor란 조사 패키지를 만들었다. 이는 AISAS 프레임에 따라 소비자 조사를 실시하는 것이다.

구체적으로는 Attention(인지), Interest(관심)라는 A, I 부분에 해당하는 심리 및 태도 변용지표와 Search(정보수집), Action(구매), Share(정보공유)라는 S, A, S부분에 해당하는 행동지표로 구성되어 있다. 또 여기에 각 프로세스에 필요한 관련지표가 있다. 예를 들면 Share(정보공유)에는 '남들에게 말했다(글을 올렸다)'는 지표 외에도 '남에게 추천했다'는 지표 등이 있다.

AISAS Auditor에서는 과거 데이터베이스와 분석 노하우를 토대로 범용적 조사항목을 미리 준비해 놓았기 때문에 신속하게 효과를 측정할 수 있다. 또한 필요시에는 커뮤니케이션 과제에 따라 지표를 자유롭게 커스터마이징할 수도 있다.

그림 5-17은 식품의 주력상품인 신제품 판매 알림 캠페인의 조사결과인데 AISAS 각 단계에서 어떤 효과가 있었는지를 정량적으로 측정한 것이다. Search(정보수집)부분을 보면 60% 이상이 이용하고 있으며 상품을 구매하기 전에 특히 친구나 지인들의 입소문을 통해 정보를 수집하고 있었다. 정보수집이란 행위는 흔히 내구소비재와 고관여상품 카테고리에서 발생하기 쉽다고 여겨지지만 이 캠페인에서는 이들 분야와 비교해도 뒤처지지 않을 정도의 정보수집이 이루어졌다는 것을 파악할 수

그림 5-17 AISAS 관점의 성과평가(식품의 신상품판매 알림)

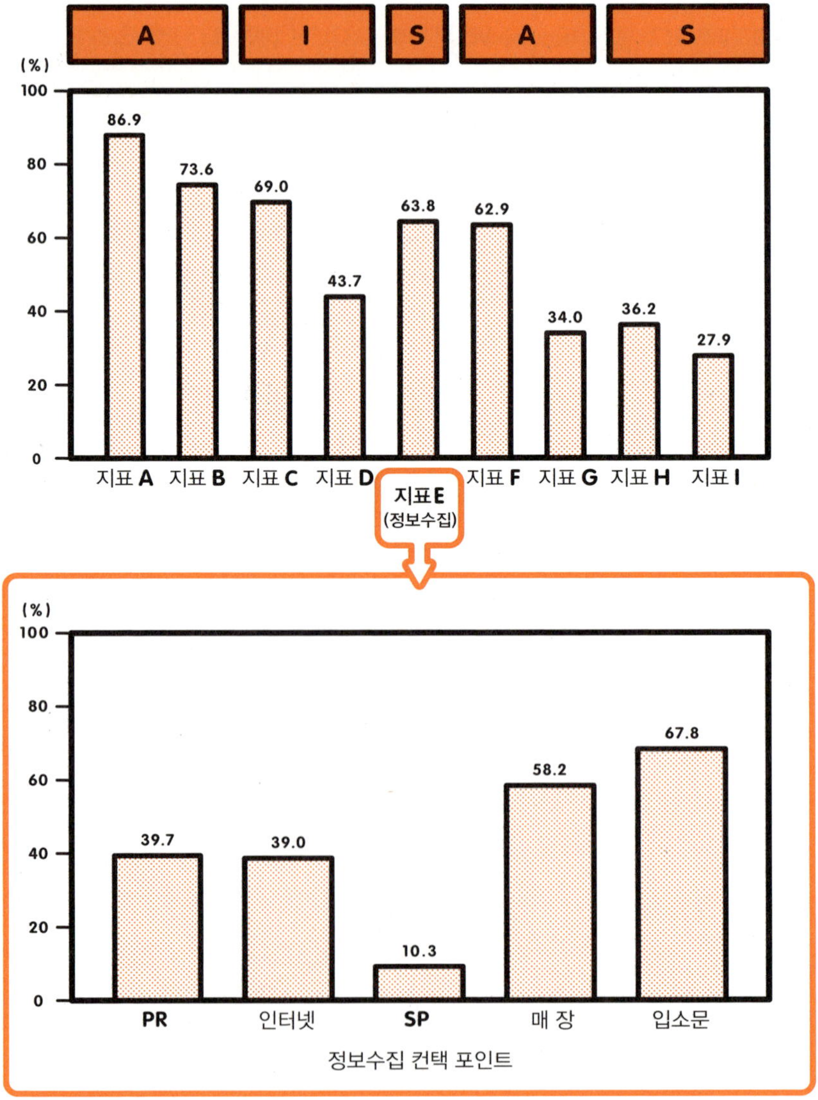

있었다.

이와 같이 각 지표마다 세부내용을 파악할 수 있는 추적설계로 다양한 발견을 가능케 하는 점과 과거와 같은 프레임으로 조사한 기준치(*norm*)와의 비교도 가능하다는 점도 유용하다. 이 외에도 캠페인을 인지한 그룹과 인지하지 않은 그룹 간에서 어떠한 차이가 있었는지 등 다면적인 비교가 가능하다.

심리 및 태도 변용과 행동데이터를 조합하여 크로스미디어 효과를 분석한다…x-AUDIT

x-AUDIT는 심리 및 태도 변용과 행동 데이터를 복합적으로 평가할 때 유용한 설문조사와 통합된 로그해석 도구이다. 이 도구는 특히 TV광고에 '인터넷에서 검색해 주세요'라고 알리는 등 매스미디어 광고에서 웹사이트로 유도하는 'Go To Web'형 캠페인에서 활용될 기회가 많다.

웹사이트에 로그해석 시스템을 설치하고 간이 설문조사를 표시하는 시스템을 연동시켜 웹사이트를 방문해서 보고 간 사람들의 접속로그와 의식 및 개인속성 등의 설문조사 응답 데이터를 함께 분석할 수 있다.

그림 5-19는 인터넷증권의 계좌 인지부터 계좌 개설까지의 과정을 본 사례이다. AISAS 프레임에 따라 웹사이트 방문자의 사이트 방문의 계기가 된 컨택 포인트, 흥미환기, 평균 체류시간, 계좌개설률 등을 분석하였다.

설문조사 응답 데이터와 접속로그를 통한 실제 행동데이터를 결합시켜 볼 수 있기 때문에 다양한 발견이 가능하다. 이 사례에서는 'TV광고는 최초 관심을 확보하는 데 도움이 된다', '매장에서 알게 된 사람은 웹

그림 5-18 설문조사형 로그해석도구 x-AUDIT 구조

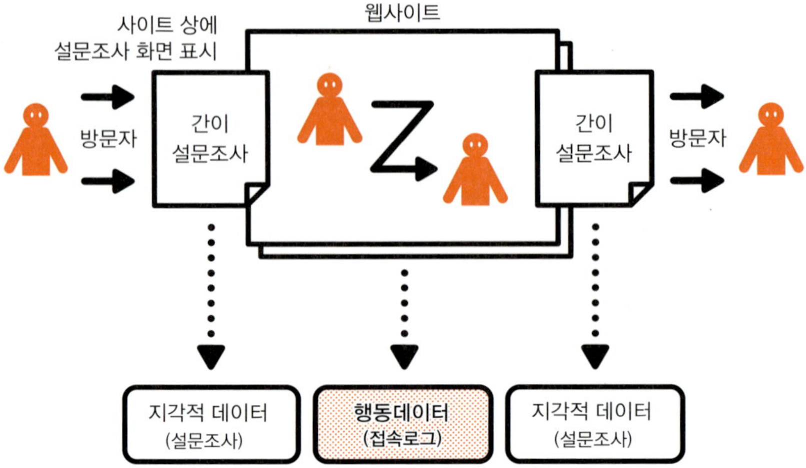

의 체류시간도 길다', '잡지 접촉자는 현 이용자가 많고 최종적인 계좌 개설률이 가장 높다'. 또한 인터넷 광고에 이를 활용할 경우 각 광고별로 설문조사 응답 데이터를 묶어 '어느 배너를 클릭해서 사이트를 방문한 사람 중 몇 %가 사전에 TV에서 상품을 인지했다'는 분석도 가능하다.

데이터 집계 및 분석은 웹상에서 제공하는 기본 집계 시스템 및 데이터마이닝 도구를 통해 클라이언트를 포함한 각 팀이 신속하게 파악하고 공유할 수 있다.

그림 5-19 인터넷 증권계좌 인지에서 계좌 개설까지의 분석사례

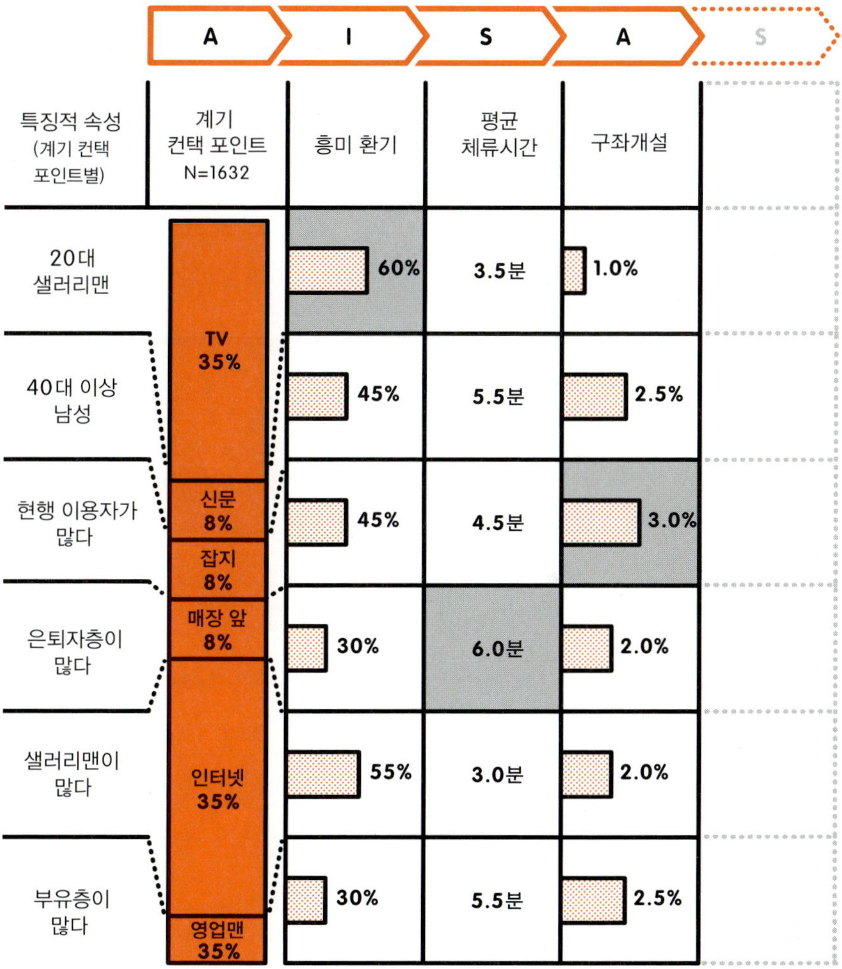

인터넷 상의 입소문을 분석한다…
덴츠 버즈 리서치 ver 2.0, SHOOTI BUZZ 리포트

일본의 주요 SNS 사이트인 '믹시'나 '모바게타운'의 이용자 수는 현재 1천만 명을 넘어 섰으며 SNS 참가자 및 블로그는 확실히 늘고 있다. 입소문 유발을 목표로 한 크로스미디어 커뮤니케이션이 증가하는 가운데 소비자의 블로그와 게시판 의견을 분석하는 것은 캠페인 효과 검증에 있어 필수적이다.

이러한 인터넷의 글 내용을 정량적 및 정성적으로 파악하기 위해 덴츠가 활용하고 있는 입소문 분석 시스템이 덴츠 버즈 리서치 ver2.0[8] Powered by hottolink, SHOOTI BUZZ 리포트(블로그워처사 제공)이다.

덴츠 버즈 리서치 ver2.0은 조사할 브랜드명, 기업명 등을 설정하면 검색 엔진이 주요 블로그, 게시판 사이트를 돌아다니며 날짜별 기록 건수가 표시된다. 제1장에서 소개한 〈점프 스퀘어〉 창간 캠페인의 입소문 효과 결과(P30)는 이 도구를 이용해서 분석한 것이다.

기록 건수뿐 아니라 시스템에 탑재된 사전기능을 통해 기록내용이 긍정적인지 부정적인지도 자동적으로 파악할 수 있다. 그리고 검색한 키워드와 함께 나온 단어를 연관어 랭킹으로도 표시할 수 있으며 실제 발췌문이 표시됨으로써 정성적 분석도 가능하다. 서비스는 ASP방식으로 분석시스템을 제공하고 있으며 옵션으로 리포트 서비스를 제공한다.

8. 2007년에 일본에서 상표등록(35류 광고영역, 42류 기술, 조사, 소프트웨어 · 프로그램 관련) 취득. DentsuBuzzResearch®

그림 5-20 SHOOTI BUZZ리포트 분석 이미지

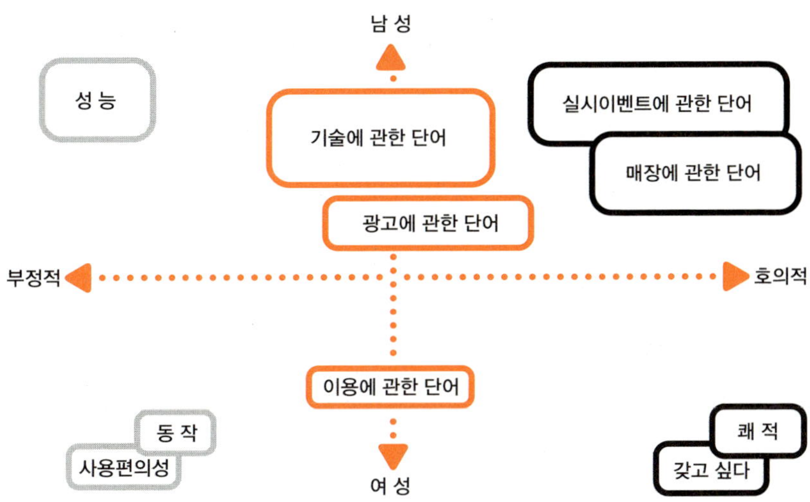

또한 2007년 4월에 리크루트사와 덴츠가 공동 설립한 블로그워처사에서도 마찬가지로 ASP방식의 분석시스템 제공과 전문 리서처에 의한 입소문 분석 서비스 SHOOTI BUZZ 리포트를 실시하고 있다. 그림 5-20은 PC 관련 기업의 입소문 분석 사례로서 약 5억 개의 기사와 블로그, Q&A 사이트 등에서 해당 기업에 관한 입소문만을 수집해서 글 내용이 호의적인지 중립적인지 부정적인지 3단계의 의미 해석과 남녀 속성으로 구성한 것이다. 남성들은 CF, 기술, 매장, 이벤트, 성능 등의 단어를 쓰고 있는 한편, 여성들은 이용, 사용 편의성 등 직접적 이용에 관한 단어를 쓰고 있다는 식의 분석이 가능하다.

이상 제5장에서는 크로스미디어 커뮤니케이션을 실제 디자인하는 방법에 대해 플래닝 프로세스의 주요한 9가지 방법과 도구 개요를 함께 소개하였다. 이런 방법과 도구를 사용해서 플래닝하는 의의는 크게 세 가지가 있다.

(1) 플래너의 지식과 경험을 전파와 공유가 가능한 형태로 개발했기 때문에 초보자라도 효과적인 플래닝을 하기 쉽다.
(2) 시스템 등의 구조가 완성되어 있어 완전히 처음부터 시작하는 것보다 신속한 플래닝이 가능하다.
(3) 데이터베이스화된 것은 과거 데이터와 간단히 비교할 수 있다.

마지막장

크로스미디어를 즐기자

이 책에서는 소비자에게 메시지가 잘 전달되지 않는 시대의 새로운 커뮤니케이션으로써 시나리오(도선) 설계에 착안한 크로스미디어 커뮤니케이션의 개념과 플래닝 실천기법을 소개하였다.

제1장에서는 정보가 넘치는 환경에서 본인이 관심 있는 정보만 접하고자 하는 소비자를 정보 방어막에서 유인하는 접근법이 중요하다고 이야기했다. 또한 슈에이샤 〈점프 스퀘어〉의 창간 캠페인 사례와 우리가 실시한 크로스미디어 행동조사 결과를 소개하면서 크로스미디어가 왜 필요한지 그 배경을 살펴보았다.

제2장에서는 크로스미디어의 본질은 '타깃을 움직이기 위한 시나리오(도선) 설계에 있다'는 관점에서 크로스미디어의 기본개념을 자세히 설명하였으며 크로스미디어의 정의, 미디어믹스와 대비시킨 크로스미디어의 특징을 명확히 하였다. 또한 시나리오 설계 시, 중요한 두 개의 아이디어 요소인 핵심 아이디어와 시나리오 아이디어에 대해 설명하고 시나리오 아이디어의 세 가지 타입을 소개하였다.

제3장에서는 시나리오 설계 시에 필요한 덴츠 고유의 프레임 워크를 소개하였다. 소비행동모델 AISAS, 소비자와 모든 접점 가능성을 찾아내는 컨택 포인트 매니지먼트(*Contact Point Management*), 인간 심리에 착안한 캠페인 모티베이터(*Campaign Motivator*)에 대해 사례를 들면서 설명하였다. 그리고 크로스미디어 전략의 기본구조를 기술하는 가로T모델 개념에서 시나리오 아이디어 발상의 요령에 대해 언급하였다.

제4장에서는 기업이 크로스미디어 커뮤니케이션을 실시하고 있는 구체적 사례로서 닛싱식품 컵누들 〈FREEDOM-PROJECT〉, KTRS 〈도둑맞은 새〉, 도요타자동차 〈내일의 하모니〉 등 세 가지 사례를 브랜드 과제, 핵심 아이디어, 시나리오 아이디어 등 세 가지 관점에서 소개하였다. 또한 단편 시나리오 관점에서는 두 가지 사례를 소개하고 컨택 포인트 설계요령에 대해 소개하였다.

제5장에서는 크로스미디어 커뮤니케이션을 실천할 때의 플래닝 프로세스에 대해 기술하고 이 흐름에 따라 덴츠가 독자적으로 개발한 방법과 도구의 개요와 분석 사례를 소개하였다.

인사이트 도출에 유효한 도구로 d-camp와 타깃 비주얼라이저(*Target Visualizer*), 시나리오 아이디어 발상에 유효한 방법으로 시나리오 아이디어 세션(*Scenario Idea Session*), 구조설계에 유효한 도구로 VALCON(*Value Contact Point Tracer*)과 denstu-CONNECT MEDIA, 성과평가에 유효한 도구로 AISAS auditor, x-AUDIT, 덴츠 버즈 리서치(denstu Buzz Research)ver2.0, SHOOTI BUZZ 리포트 등 이들을 활용하면 시나리오 설계를 강화할 수 있다.

이 책 타이틀인 크로스위치는 '크로스미디어 실천을 통해 소비자 마음에 스위치를 켠다'는 뜻이다. 이는 소비자가 자연스럽게 주목하고 능동적으로 행동하는 흐름을 만들어 내는 것이며 기업과 소비자, 혹은 브랜드와 소비자의 관계가 기존 이상으로 친밀하게 연결되었으면 하는 우리의 바람이기도 하다.

우리는 커뮤니케이션 디자인에 종사하는 사람들로서 소비자가 진정

그림 6-1 크로스미디어의 실천을 통해 소비자 마음에 스위치를 켠다

즐거워하는 모습, 기업과 브랜드를 진정 사랑해 주는 모습을 보기 위해 모든 열정을 쏟고 싶다.

마지막으로 크로스미디어 커뮤니케이션을 성공적으로 이끌어가기 위해 우리가 항상 염두에 두고 있는 마음가짐 '크로스위치 10원칙'을 소개하겠다. 독자 여러분이 우리 생각에 공감하고 함께 크로스미디어를 실천하기를 바란다.

크로스미디어 커뮤니케이션 성공을 위한

크로스위치 10원칙

1. 철저하게 한 사람의 소비자 입장에 서서 생각하자.

2. 새로운 아이디어로 발상하자.
'새롭지 않으면 크로스미디어가 아니다'는 생각을 갖자.

3. 이질적인 팀 멤버를 모으자.

4. 달성해야 할 목표를 팀 전체에서 공유하면서 진행하자.

5. 플래닝에 범위는 없다. 적극적으로 경계선을 허물자.

6. 심플하게 설명할 수 있는 것으로 하자.

7. 항상 결과물의 규모감을 생각하면서 실천하자.

8. 끈기 있게 협상하여 반드시 기획을 실현시키자.

9. 진정 과제해결(솔루션)이 되고 있는지, 다시 한 번 생각하자.

10. 크로스미디어를 자유롭게 즐기자.

1. 철저하게 한 사람의 소비자 입장에 서서 생각하자

플래닝의 출발점은 소비자 관점에서 발상하는 것이다. 스스로 생각한 시나리오가 널리 수용되기 위해서는 한 사람의 소비자 입장에 섰을 때 느끼는 현실감이 꼭 필요하다. '무엇을 원하고 있는지', '어떻게 움직이는지', '어떻게 느끼는지', 타깃 관점에 서서 움직임을 구체적으로 생각해 보자. 또한 이를 위해서는 소비자의 기호, 의식, 생활관, 미디어, 세상의 흐름을 깊이 통찰하고 분석하는 것도 중요하다.

2. 새로운 아이디어로 발상하자

'새롭지 않으면 크로스미디어가 아니다'는 생각을 갖자.

기존과 같은 캠페인 전개로는 소비자의 관심을 끌 수 없다. 항상 참신한 아이디어를 탄생시킬 수 있도록 하자. 또한 기존 광고의 틀을 넘어 발상하는 것이 소비자를 적극적으로 움직이는 힌트가 된다. 이런 의미로 '새롭지 않으면 크로스미디어가 아니다'는 마음가짐을 가졌으면 한다. '어디에도 없던 것', '지금까지 보지 못한 것'을 창출하겠다는 의식이 필요하다.

3. 이질적인 팀 멤버를 모으자

크로스미디어 커뮤니케이션은 다양한 분야의 전문성이 필요하며 전문가의 지혜와 지식을 결집시켜야 한다. 전문성이 뛰어난 이질적인 팀 멤버를 구성해서 공동 창조하는 체제(프로젝트)를 갖추면 화학반응이 일어나 의외에 곳에서도 새로운 아이디어가 나온다. 좋은 기획을 하기 위해서는 이질적인 멤버가 의견을 상호 자유롭게 교환할 수 있는 팀을 구성하는 것이 중요하다.

4. 달성해야 할 목표를 팀 전체에서 공유하면서 진행하자

시작 단계부터 팀 멤버 간에서 달성해야 할 목표를 공유하는 체제를 구축하자. 같은 목표를 갖고 서로 협력하면서 프로젝트를 마지막까지 수행하기 위해서는 항상 '의식과 정보 공유'를 지향할 필요가 있다. 팀 전체에서 합의를 도출하는 프로세스를 요소 요소에 마련하거나 의사 결정 권자에 의한 작은 작업 유닛을 설계하는 등 함께 협심해서 기획을 추진하는 배려가 중요하다.

5. 플래닝에 범위는 없다. 적극적으로 경계선을 허물자

프로젝트 멤버의 한 사람 한 사람이 자신의 담당 분야에 얽매이지 말고 전체 이미지를 생각하고 실천함으로써 세련되고 좋은 시나리오가 완성된다. 전문분야 외에서 의외로 재미있는 아이디어가 나오는 일도 종종 있다. 팀 내에서는 부서와 입장의 장벽을 허물고 누가 무엇을 생각해도 좋다. 전문 분야 밖이라도 의견을 제시하고 적극적으로 채택하는 유연한 분위기를 조성하자.

6. 심플하게 설명할 수 있는 것으로 하자

시나리오는 여러 시행착오를 거듭하는 중에 복잡한 아이디어가 될 수도 있다. 그러나 진정 사람의 마음에 남는 것은 심플한 것이다. 그 본질을 심플하게 설명하는 것이 실제로 소비자를 움직이게 하는 첫걸음이다.

아이디어와 구조가 복잡하고 설명하기 어렵다고 느껴질 경우 방향을 잘못 잡았을 가능성도 있다. 한 번 만들어 낸 것을 과감하게 버리는 용기도 필요하다.

7. 항상 결과물의 규모감을 생각하면서 임하자

크로스미디어는 넓이와 깊이로 성립된다. 넓이는 도달이라는 양적 관점에서 보기 때문에 인지시키고 관심을 유발시키는 인원수를 예측하기 쉽다. 한편 깊이는 얼마나 관여도를 제고하여 행동을 환기시키는가 하는 질적 관점이지만 동시에 타깃의 볼륨을 잊어서는 안 된다. 아무리 시나리오가 독특해도 장치와 컨택 포인트가 한정적인지, 브랜드 체험을 할 수 있는 인원 수 자체가 너무 적지는 않은지를 따져보아야 한다. 성공을 위해서는 항상 넓이와 깊이 양면에서 규모감을 의식하는 것이 중요하다.

8. 끈기 있게 협상하여 반드시 기획을 실현시키자

크로스미디어의 참신한 기획 중에는 새로운 미디어 활용이 포함되거나 콘텐츠 제작사와의 협력 관계가 포함되기도 한다. 이런 가운데서 기획 실현을 위해 '포기하지 말고 도전하는 열정'이 필요하다. 끈기 있게 협상하고 윈윈관계를 창출할 힘이 필요하다. 앞으로의 플래너에게는 프로듀서 자질도 필요하다. 아이디어는 실현됨으로써 비로소 가치를 지니게 된다. 구체적 형태로 세상에 빛을 보기 전까지 책임을 갖고 일하자.

9. 진정 과제해결(솔루션)이 되고 있는지, 다시 한 번 생각하자

시나리오는 브랜드의 과제해결을 위해 발상되어야 한다. 소비자를 정보 방어막에서부터 유인하고 능동적으로 행동하게끔 하는 체험이 과연 소비자와 브랜드의 거리를 좁히고 있는지, 탄생된 시나리오를 다시금 손에 쥐고 정말 이것이 과제해결을 위한 것인가 다시 한 번 생각해 보자.

10. 크로스미디어를 자유롭게 즐기자

크로스미디어의 시나리오 설계는 과거의 성공체험에 얽매이지 않고 자유로운 발상이 필요하다. 자신이 진정으로 '재미있다'고 느끼는 것을 만들고 소비자에게 같은 느낌을 선사한다. 변화를 기회로 받아들이고 즐기는 것이 소비자를 움직이는 아이디어 발상의 원점이다. 플래너 자신과 팀이 즐길 수 있는 그런 일을 하자.

맺음말

이 책 대부분의 내용은 크로스미디어 개발 프로젝트 팀 멤버의 연계를 통해 창출된 지식과 견해입니다.

크로스미디어 커뮤니케이션을 효과적으로 실천할 수 있도록 덴츠는 일찍이 다양하고 전문성을 지닌 사원들에 의한 크로스 펑셔널 팀을 구성하여 활동하고 있습니다. 이 책을 계기로 더 많은 분들과 새로운 연결관계가 형성되기를 바랍니다.

이 책의 출판에 있어 많은 분들의 이해와 동의, 협조를 얻었습니다. 이 자리를 빌려 감사드립니다.

먼저 성공사례 소개를 흔쾌히 허락해 주신 KTRS, 주식회사 슈에이샤, 사단법인 중앙낙농회의, 도요타자동차 주식회사, 닛싱식품 주식회사, 일본코카콜라 주식회사, 일본담배산업 주식회사, 동일본여객철도 주식회사, 로켓 컴퍼니 주식회사, 워너 엔터테인먼트 재팬 주식회사(일본의 50음 순서)에게 깊은 감사의 말씀드립니다.

또한 바쁘신 가운데 인터뷰에 응해 주시고 귀중한 의견을 들려 주신 ground의 다카마츠 사토시 대표님께도 감사드립니다.

마지막으로 이 책 취지와 내용에 동감하고 기획 입안부터 교정에 이르기까지 유익한 조언과 지원을 해주신 주식회사 다이아몬드의 후카가와 토시오(深川敏雄)님, 주식회사 다이아몬드 프리드만사의 이사가와 준이치(石川純一)님, 멋진 아트 디렉션으로 이 책의 가치를 올려 주신 그루비 존스님, 편집에 노고를 아끼지 않으신 오노 유미코(大野由美子)님에게 감사드립니다.

앞으로도 우리는 시대 변화와 클라이언트 기업의 니즈에 대응하고 유연하게 변화에 대처하면서 기존보다 폭넓은 활동을 전개하고자 합니다.

2008년 8월
덴츠 크로스미디어 개발 프로젝트 팀

참고문헌 (일본의 50음 순서)

《アドバタイジング》vol.8〈キャンペーン・マネジメント〉電通 (2003)

《アドバタイジング》vol.14〈進化するIMC〉電通 (2006)

《買いたい空氣のつくり方》ダイヤモンド社 電通 S.P.A.T チーム (2007)

《月刊 全広連》2007年 12月号 全日本広告連盟 (2007)
〈情報過多の時代において消費者の心を捉えるAISAS® キャンペーン・プランニング〉小林憲生, 徳永高陽

《平成18年度 情報流通センサス報告書》総務省 (2008)

《情報大爆發》宣伝會議 秋山隆平 (2007)

《電通広告年鑑 '06-'07》電通 (2006)
〈ブロードバンド時代の 広告コミュニケーション〉小林憲生, 徳永高陽

《日経広告研究所報》217号 日経広告研究所 (2004)
〈コンタクトポイント視点のIMC戰略〉石谷聰史, 二宮宗, 松永久

《ホリスティック・コミュニケーション》宣伝会議 秋山隆平, 杉山恒太郎 (2004)

《マーケティング・ジャーナル》101号 日本マーケティング協会 (2007)
〈AISAS® モデルにみる口コミ形成過程におけるプランニング作法の提案〉森岡愼司, 長谷川想, 山川茂孝

《マーケティング・ジャーナル》105号 日本マーケティング協会 (2007)
〈デジタル・インタラクティブ・メディアがもたらす新たなクロスメディア効果について〉森田正隆, 及川直彦, 日高靖

Who am I? The 16 Basic Desires that Motivate Our Actions and Define Our Personalities BERKLEY Steven Reiss (2002)

크로스미디어 행동조사

[조사개요]

- 대상자: 12~64세 남녀 개인
- 샘플수: 2090ss
- 지역: 일본 간토(關東)지역
  (1도 6현 도쿄, 카나가와, 치바, 사이타마, 이바라기, 토치기, 군마 등 인구 15만 명 이상의 시 및 구)
- 조사방법: 인터넷 조사
  ※덴츠 오리지널 데이터베이스 'd-camp'의 조사패널 중 인터넷 패널에 대해 조사 실시
- 조사 기간: 2008년 2월 22일(금)~2008년 2월 29일(금)

	합 계	10대	20대	30대	40대	50대	60대
합 계	2,090	118	527	682	377	291	95
남 성	1,217	62	278	374	242	190	71
여 성	873	56	249	308	135	101	24

웹사이트 안내

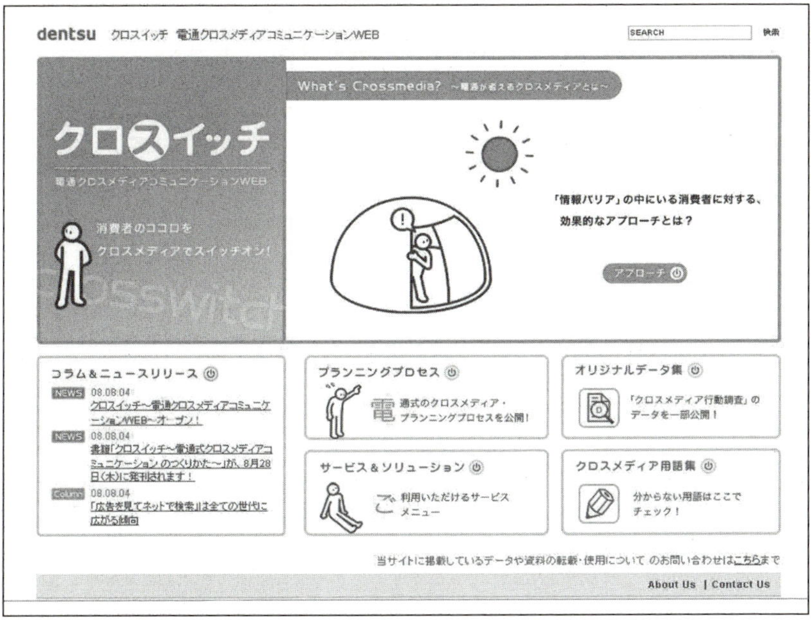

크로스위치~덴츠 커뮤니케이션 WEB~

URL: http://www.dentsu.co.jp/crosswitch/

덴츠 '크로스미디어 개발 프로젝트'에 의한 크로스미디어 관련 최신정보를 보실 수 있습니다.

집필자 소개

집필(일본의 50음 순서)

아카이 순이치(赤井 俊一) | Strategic Planning국 제4솔루션실 부장 Planning Director
대형 유통기업을 거쳐 1995년에 덴츠 입사. Brand Creation Center, MP Management국, IMC Planning Center 등을 거쳐 2008년 7월부터 현직. 전략 플래닝, 상품개발, 컨설팅 등 클라이언트 서비스를 담당. 고양이 애호가.

이시가이 사토시(石谷 聰史) | Communication Design Center Chief Planner
1997년에 덴츠 입사. Corporate Communication국, MP Management국 등을 거쳐 2008년 7월부터 현직. '컨택 포인트 매니지먼트'를 개발. '크로스미디어 개발 프로젝트'를 출범시키고 추진하면서 다양한 업종의 클라이언트 서비스를 담당. 취미는 사찰 순례.

도쿠나가 다카하루(德永 高陽) | Communication Design Center Planning Supervisor
대형 인쇄기업을 거쳐 1996년에 덴츠 입사. 제1Marketing Promotion국, IMC Planning Center에서 음료, 금융, 관공서 등의 분야에서 브랜드 전략과 'AISAS' 보급을 담당. MP Management국을 거쳐 2008년 7월부터 현직. 좋아하는 영화는 〈남아있는 나날〉(*The Remains of the Day*)

니시야마 마모루(西山 守) | Communication Design Center Chief Planner
1998년에 덴츠총연(電通總硏) 입사. 1999년의 인수합병에 따라 덴츠로 이적. 그 후 영업국, MP Management국을 거쳐 2008년 7월부터 현직. '크로스미디어 개발프로젝트'의 운영 및 추진, 도구(타깃 비주얼라이저, VALCON)의 개발 등을 담당. 취미는 해외여행과 스트리트 댄스.

하루타 히데아키(春田 英明) | Communication Design Center Chief Analyst
1994년에 덴츠 입사. 잡지국, Media Marketing국 등을 거쳐 2008년 7월부터 현직. 10여 년 동안 수많은 클라이언트에게 미디어 플래닝 서비스를 제공. 현재는 도구개발 및 크로스미디어 관점의 소비자 분석 업무 등을 담당. 도보를 이용한 장거리 이동이 그의 신조.

히다카 야스시(日高 靖) | Interactive Media국 Chief Planner
대형 광고회사를 거쳐 2005년에 덴츠 입사. 공동 저서에 《인터넷 마케팅 베이직스》(닛케이BP사). 크로스미디어를 테마로 한 (사)일본마케팅협회 e마케팅연구회 코디네이터. 취미는 골프와 거리 걷기, 음악CD 수집.

슈퍼바이저

스기야마 고타로(杉山 恒太郎) | 상무이사 커뮤니케이션 디자인센터 센터장
나카하라 히로시(中原 博) | 집행임원
오카노 마사카즈(岡野 雅一) | 커뮤니케이션 디자인센터 국차장
기소 후유히코(喜早 冬比古) | 커뮤니케이션 디자인센터 국차장
가와이 나오토(川井 直人) | 커뮤니케이션 디자인센터 부장
마키노 사토루(牧野 聰) | 커뮤니케이션 디자인센터 부장
구스모토 가즈야(楠本 和哉) | 커뮤니케이션 디자인센터 플래닝 디렉터

디렉션

고바야시 노리오(小林 憲生) | 스트래티직 플래닝국 부장

기획

이시가이 사토시(石谷 聰史), **도쿠나가 다카하루**(德永 高陽), **니시야마 마모루**(西山 守)
덴츠 크로스미디어 개발프로젝트팀

편집협력

오노 유미코(大野 由美子)

저자 약력

덴츠 크로스미디어 개발프로젝트팀

크로스미디어의 개발 및 실천을 위해 마케팅, 크리에이티브, 미디어, 프로모션, 인터랙티브, R&D 등의 전문성과 경험을 겸비한 덴츠 직원들로 구성된 크로스 펑셔널팀(*Cross Functional Team*). 다양한 업종의 클라이언트를 대상으로 플래닝을 지원하고 있으며, 플래닝 방법, 아이디어 발상법, 분석방법 등을 개발하여 많은 성공사례와 노하우를 축적하고 있음.

역자 약력

안승술(安昇述)

나라기획, 동방기획 등에서 27년간 국내외 클라이언트를 대상으로 광고기획 업무를 담당해 왔다. 1995년 애드아시아(AD Asia) 크리에이티브 콘테스트 심사위원을 역임했으며, 숙명여대, 한국방송광고공사에서 광고기획과 국제광고론을 강의하기도 했다. 퍼블리시스코리아 대표이사, 휘닉스커뮤니케이션즈 전무, 싸치앤드싸치피씨아이 대표이사를 거쳐 현재 휘닉스커뮤니케이션즈 대표이사를 맡고 있다.

마케팅플래닝본부

브랜드 진단, 전략 수립 및 크로스미디어 시나리오 도선(導線) 설계를 통해 클라이언트 브랜드와 소비자가 보다 친밀한 관계를 맺을 수 있도록 하고 있다. 현재 국내외의 다양한 클라이언트를 대상으로 브랜딩 전략 및 크로스미디어 전략 플래닝을 지원하고 있으며, 다양한 미디어를 활용한 커뮤니케이션 전략 R&D 활동 및 세미나 활동도 활발히 수행 중이다.

김혜원(金惠媛)

한국외국어대학교 통번역대학원 졸업, 1997년 아리랑TV 입사, 국제회의통역사로 활동하면서 SBS라디오 〈굿모닝 일본어〉, 한국교육미디어 〈SBS파워 일본어〉 등의 강의를 진행했다. 현재 한국외국어대학교 통번역대학원 출강중이며, 주요 국제회의에서 동시통역사로 활동중이다. 역서로 《삼성 신경영》, 《뛰는 스포츠, 나는 마케팅》, 《크로스위치》, 《광고신시대》 등이 있다.

광고신시대

인터넷×광고의 멋진 관계

덴츠 광고신시대프로젝트팀 지음
휘닉스커뮤니케이션즈 옮김

100년 전통 덴츠, 인터넷광고를 말하다

세계 일류의 광고대행사 덴츠의 현장지혜와 노하우가 담긴 책으로 인터넷광고 분야의 새로운 지침서다. 덴츠는 인터넷광고시대를 '광고신시대'라고 정의하고, 이 분야에서 초창기부터 지금까지 최전선에서 활약하고 있는 프로 6명이 실전에서 살릴 수 있는 사례를 소개한다. 4×6배판 | 올컬러 | 264쪽 | 값 24,000원

〈아이디어〉 교과서

덴츠식 빙글빙글 사고

야마다 소오(山田壯夫) 지음
휘닉스커뮤니케이션즈 옮김

누구나 실천할 수 있는 두뇌를 깨우는 발상법!
뭐 좋은 아이디어 좀 없어?

세계 No.1 광고회사 덴츠의 〈아이디어〉 발상을 위한 사고 프로세스를 담은 책이다. 〈아이디어〉를 '과제해결을 위한 새로운 시각'이라는 관점으로 보고, 이러한 사고 프로세스를 익힐 수 있다면, 좀더 수월하게 우리가 필요로 하는 〈아이디어〉 발상의 원천에 접근할 수 있을 것이다. 4×6판 | 100쪽 | 값 10,000원

나남 nanam 031)955-4601
www.nanam.net